Kreutzer | Geschichte Portugals

Reclam Sachbuch

Winfried Kreutzer

Geschichte Portugals

Reclam

RECLAMS UNIVERSAL-BIBLIOTHEK Nr. 19143

Gestaltung: Cornelia Feyll, Friedrich Forssman
Karten: Inka Grebner, Mainz
Gesamtherstellung: Reclam, Ditzingen. Printed in Germany 2013

ISBN 978-3-15-019143-9

Auch als E-Book erhältlich

www.reclam.de

Inhaltsverzeichnis

Vorwort

Wenn die moderne Geschichtswissenschaft überwiegend der Überzeugung ist, dass es nicht sinnvoll ist, Nationalgeschichte im engeren Sinn zu schreiben, sondern dass die Historie der Völker, Nationen und Staaten immer nur im größeren Verbund verstanden und dargestellt werden kann, dann gilt dies auch und in besonders differenzierter Form für die Geschichte Portugals von seiner Formierung im Mittelalter an bis in unsere Zeit. Der portugiesische Historiker Pedro Oliveira Martins (1845–1894) hat schon in seiner umfassenden Reflexion über die Geschichte seines Landes die spezifische ›Sendung‹ Portugals innerhalb des iberischen Raums zu definieren versucht. Portugal präsentiert sich einerseits auf verschiedenen Ebenen als Variante einer iberischen Situation und Befindlichkeit, anderseits ist es unter politischer Perspektive wohl der älteste spätestens seit der Mitte des 13. Jahrhunderts bei kaum veränderten Grenzen existierende Staat Europas, der überdies mit bemerkenswertem Eigensinn seit seinen Anfängen seine Unabhängigkeit und Eigenständigkeit gegenüber seinem größeren Nachbarn Spanien zu wahren wusste. Anders als Spanien, das auf seinem Territorium mehrere Ethnien vereint, ist die Bevölkerung Portugals äußerst homogen. Tendenzen zu einer Vereinigung mit Spanien bzw. Kastilien existierten vor dem 17. Jahrhundert allenfalls in Adelskreisen und später als gedankliches Konzept (*Iberismo*) unter Intellektuellen, hatten aber angesichts starker Widerstände kaum Aussicht auf politische Wirksamkeit.

Anderseits hat Portugal, obwohl durch Spanien bzw. Kastilien vom Europa jenseits der Pyrenäen abgeschnitten, seit dem Mittelalter ständige Kontakte zu Mittel- und vor allem Westeuropa (besonders England) gepflegt. Soweit dies – trotz des Wirkens der Inquisition – möglich war, ist es auch auf geistigem Gebiet für Einflüsse und geistige Strömungen offen gewesen. Das Zeitalter der Entdeckungen wiederum eröffnete eine weltumspannende Perspektive, die auch nach dem weitgehenden Zerfall des Handels- und Kolonialimperiums in der Selbsteinschätzung der Portugiesen erhalten blieb. Im 20. Jahrhundert, nach der Beseitigung der Diktatur, wandte sich Portugal entschlossen Europa und der europäischen Gemeinschaft zu.

Eine Darstellung der Geschichte Portugals muss natürlich in den Anfängen, in denen noch kaum eine wie auch immer geartete »Lusitanität« greifbar wird, das entscheidende historische Moment der Romanisierung der iberischen Halbinsel, die sich auch und vor allem über das Christentum an Europa ›anschloss‹, notieren. Ein nicht weniger zu berücksichtigender und zu wägender Faktor ist die jahrhundertelange Zugehörigkeit zum Kulturbereich des Islam, der ihr eine bemerkenswerte kulturelle Entwicklung bescherte, aber auch die Formierung christlicher Staaten im Norden der iberischen Halbinsel und die von ihnen ausgehende Reconquista des Landes. Im Rahmen dieses Geschehens bildet sich der portugiesische Staat, der unter seinen mittelalterlichen Königen die Reconquista weitgehend eigenständig vorantreibt und sie eher als das benachbarte Kastilien beendet. Es ist weiter zu bemerken, dass in der Selbstreflexion Portugals, vor allem in der Frage nach seiner Lusitanität, die Auseinandersetzung mit der islamischen Vergangenheit bei weitem nicht das gleiche Gewicht hat wie in der Geschichtsreflexion Spaniens, wo etwa namhafte Historiker wie Américo Castro und Cláudio Sánchez Albornoz Extrempositionen markieren konnten, sei es, dass das muslimische Spanien als entscheidend prägender Faktor der Hispanität postuliert wird, sei es, dass es letztlich als Episode ohne tieferen Einfluss auf den Charakter des Landes gesehen wird. Möglicherweise war das Nebeneinander von Islam und Christentum auf dem Gebiet des späteren Portugal weniger konflikthaft als weiter östlich, oder aber die Reflexion über diesen Komplex wird durch die Konzentration auf das ›Problem Kastilien‹ und natürlich auf die epische Geschichte der Entdeckungen in den Hintergrund geschoben. Die Darstellung der portugiesischen Entdeckerzeit und des Aufbaus des überseeischen Machtbereichs muss neben der Chronologie der Einzelereignisse auch eine Analyse der Strukturen und Institutionen, ihrer Funktionen, Leistungen und Schwächen umfassen, und die Frage nach den konkreten Gründen des Scheiterns dieses imposanten politischen Baus zu beantworten versuchen. Ab der Zäsur der sechzigjährigen Verbindung in Personalunion mit Spanien folgt Portugal in großen Zügen den europäischen politischen Strömungen und Entwicklungen. Nicht fehlen sollte schließlich die wenigstens annäherungsweise Erkundung des Selbstverständnisses einer Nation, wie es sich etwa in seinen historischen Mythen kristallisiert.

Umfangreichere Darstellungen der Geschichte Portugals in deutscher Sprache liegen seit gut 150 Jahren vor. Den Anfang macht ein beeindruckendes und in seiner Zeit international anerkanntes Werk, das mit Respekt erwähnt zu werden verdient: Heinrich Schäfers voluminöse fünfbändige *Geschichte von Portugal* (Hamburg 1836–1854), die vor allem durch ihre Aufmerksamkeit für die Entwicklung der Institutionen des Landes trotz epochebedingter Beschränkungen und eventueller einzelner Irrtümer eine angesichts ihres Erscheinungszeitraums doch erstaunlich moderne und erhellende Perspektive bietet. Unter den einschlägigen Veröffentlichungen des letzten und dieses Jahrhunderts wären die leicht lesbare *Geschichte Portugals* von Walter G. Armando (Stuttgart u.a., 1966) und die *Grundzüge der Geschichte Portugals und seiner Übersee-Provinzen* (Darmstadt, 1969) von Ernst Gerhard Jacob, vor allem aber die in weiten Teilen auf der portugiesischen *Breve História de Portugal* (Lissabon, 1995) von António Henrique Oliveira Marques fußende deutsche Übersetzung *Geschichte Portugals und des portugiesischen Weltreichs* (Stuttgart, 2001) zu nennen. Eine konzise Darstellung auch und vor allem der neueren Geschichte Portugals ergibt sich aus den einschlägigen Artikeln des Bandes *Portugal heute* (1997) von Dietrich Briesemeister und Axel Schönberger.

Das nun hier vorgelegte Bändchen möchte dem Leser eine handliche Darstellung in großen Linien und eine gewisse Deutung und Kommentierung der Geschichte Portugals bis in unsere Tage bieten.

Die iberische Halbinsel von der Altsteinzeit bis zum 8. Jahrhundert unserer Zeitrechnung

Epochenüberblick

Die Anfänge der menschlichen Geschichte auf der iberischen Halbinsel dürften sich in ähnlicher Weise gestaltet haben wie im übrigen Europa. Spezifische Bedingungen mag der iberische Raum freilich dadurch geboten haben, dass hier die Geographie Ost-West-Wanderbewegungen in der Regel eine definitive Grenze setzte; sollte diese doch überwindbar gewesen sein, muss mit Beziehungen zu Nordafrika gerechnet werden. Als erste namentlich benannte Völker erscheinen die schon von den Griechen so benannten Keltiberer als ›Urbevölkerung‹, Phönizier und Griechen, schließlich Karthager als seefahrende Ankömmlinge aus dem Mittelmeerraum und schließlich, entscheidend prägend, die Römer. Spätestens ab dem Beginn des zweiten vorchristlichen Jahrhunderts vollzieht sich ein trotz Widerständen intensiver politischer wie kultureller Durchdringungs- und Organisationsprozess, der spätestens um die Zeitenwende die iberische Halbinsel zu einem vollgültigen und bald bedeutenden Teil des Imperium Romanum macht. Mit den Römern kam das Christentum. Religion und eine auf dem Latein beruhende Sprache werden bleibende Faktoren einer sich formierenden Identität der Iberia werden. Mit dem Niedergang Roms wird die iberische Halbinsel Niederlassungs- oder Durchzugsgebiet germanischer Völker, von denen die Westgoten in teilweise bewusster Anlehnung an römische Herrschaftstradition bis zum zweiten Jahrzehnt des achten Jahrhunderts ein

Reich errichten, das zumindest in der Erinnerung des Volkes, aber auch seiner politischen Eliten, seinen faktischen Untergang noch lange überleben wird.

Vor 1,2 Mio. Jahren	älteste Spuren menschlicher Tätigkeit auf der iberischen Halbinsel (Sierra de Atapuerca)
Vor 300 000 Jahren	(möglicherweise) älteste menschliche Spuren in Portugal bei Ribeira da Atalaia (Vila Nova da Barquinha)
18 000 v. Chr.	die Felszeichnungen von Foz Côa
5300 – 2500 v. Chr.	Megalithkultur (Dolmen im Alentejo und in den Tälern des Tejo und Sado)
Um 2000 v. Chr.	Beginn der Einwanderung der Iberer
Um 1200 v. Chr.	Gründung phönizischer Kolonien auf dem Gebiet des heutigen Portugal
Um 900 v. Chr.	Beginn der Einwanderung der Kelten. Vermischung mit den Iberern zu Keltiberern
Um 500 v. Chr.	Karthagische Präsenz in Portugal
Um 450 v. Chr.	Das Land wird von Karthago erobert.
218 – 202 v. Chr.	Zweiter Punischer Krieg: Karthago verliert die Iberische Halbinsel an Rom, das heutige Portugal wird Teil der römischen Provinz Hispania Ulterior.
197 – 179 v. Chr.	Keltiberischer Krieg. Erhebung der Einwohner des Landes gegen die römische Herrschaft. Rom verteidigt seine Provinz mit großer Härte.
150 v. Chr.	Niedermetzelung großer Teile des Stammes der Lusitaner durch die Römer
147 v. Chr.	Viriatus Führer der keltiberischen Lusitaner. Römische Niederlagen bei Baecula (143 v. Chr. und 140 v. Chr.)
139 v. Chr.	Ermordung des Viriatus
133 v. Chr.	Fall von Numantia. Ende des Spanischen Krieges

Ab 60 v. Chr.	Ab Caesar werden letzte Widerstandsaktionen der keltiberischen Stämme gegen Rom gebrochen.
27 v. Chr.	Verwaltungsreform des Kaisers Augustus. Einteilung der iberischen Halbinsel in die Provinzen Betica, Hispania Citerior und Lusitania
280	Verwaltungsreform des Diokletian: Aufteilung der Hispania Citerior in die Provinzen Hispania Cartaginensis und Gallaecia (Gebiet nördlich des Douro im heutigen Portugal und Galizien)
Ab 409	Zerstörung der römischen Provinz durch Alanen, Vandalen und Sueben im Zug der Völkerwanderung
410	Sueben, bekennen sich mehrheitlich zum arianischen Christentum
416	Einwanderung der Westgoten. Sie besiegen oder vertreiben die anderen Einwanderer außer den Sueben.
430–585	Reich der Sueben auf dem Gebiet von Gallaecia, Hauptstadt Bracara Augusta (Braga)
Um 550	Bekehrung der Sueben zum Katholizismus unter König Karriarich
554–620	Gebiet südlich des Tejo unter oströmischer Herrschaft
585	Sieg der Westgoten über die Sueben. Eingliederung ihres Reiches in das Westgotenreich
554–620	Gebiet südlich des Tejo unter oströmischer Herrschaft
587	Der Westgotenkönig Rekkared I. tritt in Braga vom arianischen zum katholischen Christentum über.
654	Lex Visigotorum
711	Maurische Invasion. Tod König Roderichs. Ende des Westgotenreichs

Die Prähistorie

Die ältesten Spuren menschlicher Tätigkeit auf der iberischen Halbinsel – bearbeitete Steine, die in der Sierra de Atapuerca (Provinz Burgos) gefunden wurden – sind ca. 1,2 Millionen Jahre alt. Das Gebiet des heutigen Portugal zeigt für die Altsteinzeit das Vorhandensein all der Kulturen, die auch im übrigen Westeuropa nachgewiesen sind, wobei an die Verbreitung durch Wanderbewegungen aus dem Osten, aber auch Afrika gedacht werden kann. Entsprechende Spuren wurden am Oberlauf des Tejo (Ribeira da Atalaia) und an anderen Orten gefunden. Bemerkenswert sind die in Felswände am Fluss Côa (Distrikt Guarda) geritzten Tierzeichnungen, deren älteste möglicherweise mehr als 25000 Jahre alt sind. Im Neolithikum (ca. 5300 – 2500 v. Chr.), entwickelt sich, wohl nicht zuletzt im Zusammenhang mit merklicher Erwärmung des Klimas und dem Beginn von Ackerbau und Viehzucht, wie auch in anderen Gegenden Europas, eine Megalithkultur (Dolmen vor allem im Alentejo und in den Tälern des Tejo und Sado). Es erscheinen künstlerische Darstellungen und Hinweise auf die religiösen Vorstellungen dieser »Urportugiesen«.

Von den Keltiberern zu den Westgoten

In der darauffolgenden Bronze- und Eisenzeit treten zum ersten Mal Völkernamen aus der Anonymität der Vorzeit: vor allem die Iberer und die Kelten – letztere dürften das Eisen auf die Iberische Halbinsel gebracht haben –, die sich in einer heute nur schwer bestimmbaren Weise gemischt haben dürften und schon in griechischen Quellen als *kelt-*

iberoi erscheinen, deren Kultur schon eine gewisse Verfeinerung zeigt und bald Elemente der Kultur der Phönizier, Griechen und Karthager übernimmt, die seit dem zwölften Jahrhundert v. Chr. auf der Suche nach Metallen, Handelsplätzen und Kolonien auf die iberische Halbinsel kamen. Vor allem die Karthager gelangten zu einer gewissen Durchdringung des südlichen Teils der Halbinsel.

Unter den in der Antike bekannten keltiberischen Völkern sehen die Portugiesen spätestens seit Camões mit Vorliebe die Lusitaner als ihre Vorfahren. Wer waren diese Lusitaner? Der römische Autor Strabo nennt sie »das mächtigste der iberischen Völker«. Von relativ hohem Kulturstand, bewohnten sie wohl zunächst die Meseta, dann den Westen der Halbinsel. Sie brachten die Kultur der »Castros« zur Blüte, runder, auf Hügeln erbauter und mit gewaltigen Steinmauern umgebener kleiner Städte oder Lager, die jeweils von einem Clan bewohnt waren (z. B. Citânia de Briteiros). Man betrieb Ackerbau, Viehzucht, kannte rudimentäre Werkmethoden und betrieb Totenkult. Die antiken Quellen zeichnen das Bild eines frugalen, einfachen, dabei sehr kriegerischen und zäh seinem Boden verhafteten Volkes, das auch für die römischen Legionen ein nicht zu unterschätzender Gegner wurde.

Eine entscheidende Richtung erhielt das Schicksal der Iberischen Halbinsel durch die Herrschaft Roms. Mit dem Ende des Zweiten Punischen Krieges (218 – 201 v. Chr.) gelangte Rom in den durch keine äußere Macht mehr bestrittenen Besitz der iberischen Halbinsel, die es nun, von Osten und Süden aus, militärisch und kulturell zu durchdringen begann. Je weiter Rom allerdings nach Westen gelangte, umso erbitterter wurde der Widerstand der keltiberischen Völkerschaften, vor allem der Lusitaner. Länger als eineinhalb Jahrhunderte dauerte die Befriedung des Landes, die erst 19 v. Chr. durch Augustus endgültig abgeschlossen wurde. In diesem Krieg taucht zum ersten Mal der Name eines lusitanischen Führers (147 – 139 v. Chr.) auf, Viriatus, der für die Portugiesen etwa das bedeutet, was den Franzosen Vercingetorix und den Deutschen Arminius war, und der schließlich durch Verrat unterlag.

Lange vor der römischen Eroberung hatte eine intensive zivilisatorische Durchdringung der iberischen Halbinsel durch Rom begonnen. Der Anschluss an das Römische Reich brachte neben den üblichen schmerzhaften Folgen für die Besiegten ihren Eintritt in ein ›weltumspannendes‹ politisches und kulturelles System mit einigermaßen einheitlich und durchschaubar organisierter Verwaltung und Rechtsprechung, gesetzlich geregelten Rechten und Pflichten des Bürgers und einer Sprache, der lateinischen, die sie hinfort für immer an das römische Erbe binden sollte. Ein gut ausgebautes Straßennetz begann das Land zu durchziehen und für das reiche kulturelle Leben sprechen die Namen zahlreicher für die Kultur Roms und des Reiches bedeutender Persönlichkeiten. Neben dem Gouverneurssitz Emerita Augusta, dem heutigen spanischen Mérida, konnten sich Städte wie Béja, Santarém und Braga durchaus mit anderen Zentren des Reiches messen. Reste römischer Bauten sind heute in Portugal allerdings relativ selten; ihre Qualität lassen aber der Dianatempel von Évora und die Ruinen und Mosaiken von Conímbriga ahnen.

Auch das Christentum war im zweiten und dritten Jahrhundert vermutlich mit römischen Legionären ins Land gekommen. Die ersten Zonen der Verbreitung in Portugal dürften Lissabon und der Algarve gewesen sein. Die zunehmende Organisation der Kirche orientierte sich weitgehend an römischen Verwaltungsstrukturen. Trotz Verfolgungen erstarkte das Christentum und sollte, wie in anderen Teilen des Reiches, beim Niedergang der politischen Macht Roms wichtige Kultur- und Ordnungsfunktionen im Land übernehmen. Eine Sonderentwicklung, die vor allem Galizien und den Norden des heutigen Portugal betraf, war die sich seit dem letzten Viertel des vierten Jahrhunderts entwickelnde Bewegung des Priszillianismus, der, zwischen asketischem Reformstreben und manichäischer Heterodoxie schwankend, erhebliche Unruhe in der hispanischen Kirche erzeugte und auch nach dem Konzil von Toledo (400), bei dem der Bischof von Braga, Paternus, der Häresie abschwor, noch bis ins sechste Jahrhundert weiterlebte.

Im Jahre 411 kamen im Zuge der Völkerwanderung große Kontingente von Sueben, Wandalen und Alanen, 416 dann die Westgoten ins Land. Letztere, zum Teil schon romanisiert, vor allem im Süden Frankreichs ansässig (Toulouse) und vom römischen Kaiser als Verbündete gerufen, machten kurzen Prozess mit den Alanen; die Wandalen zogen nach Afrika weiter. Es hielt sich zunächst nur das Reich der Sueben, das sich vom heutigen Galizien südlich bis an den Tejo erstreckte. Seine Hauptstadt war Braga. Dieses suebische Reich bestand fast 180 Jahre. Es geht schließlich im Westgotenreich auf, dessen Könige sich dann als »Könige der Westgoten und der Sueben« bezeichnen. Das Gebiet südlich des Tejo befindet sich zwischen 554 und 620 unter oströmischer Herrschaft.

Das westgotische Reich empfand sich als Fortsetzung oder Nachfolgestaat Roms und seiner imperialen Tradition. In diesem Rahmen ist auch die Aufgabe des ursprünglichen arianischen Bekenntnisses und der Annahme des Katholizismus als allgemeines Bekenntnis (Übertritt Rekkareds zum Katholizismus 589) sowie die Einführung eines einheitlichen Gesetzbuches, der *Lex Visigotorum* (654), das die nach dem Niedergang der römischen Zentralmacht ausgebrochene Rechtsunsicherheit zumindest tendenziell beendete und Goten wie hispanoromanische Einheimische unter das gleiche Gesetz stellte, zu verstehen. Auch in Sachen Heirat und Wehrdienst waren die beiden Gruppen gleichberechtigt. Neben der westgotischen Wahlmonarchie standen, aus kirchlicher Tradition hervorgegangen und germanischen Gewohnheiten durchaus entsprechend, die *concilia*, aus Adeligen und Klerikern bestehende Parlamente, die an der Regierung erheblichen Anteil nahmen.

Reste der Kunst dieser Epoche sind noch heute erhalten, vor allem Schmuck wie Kronen, Ringe, Fibeln. In der Architektur der Westgotenzeit mischen sich lateinische, romanische und byzantinische Bauelemente. Kennzeichnend ist der halbrunde Bogen (*arco de ferradura*). Ein Beispiel für die westgotische Architektur in Portugal ist das Kirchlein S. Frutuoso bei Braga.

Das intellektuelle Leben der Provinz Hispanien lag in den Händen der Kirche. Nachdem sie noch in römischer Zeit gelehrte Männer wie Paulus Orosius (ca. 383–418), den Verfasser der ersten, natürlich heilsgeschichtlich ausgerichteten Weltgeschichte, hervorgebracht hatte, entsprossen ihr weiterhin bedeutende Gelehrte wie Isidor von Sevilla (560–636), Verfasser einer umfangreichen Enzyklopädie zeitgenössischen Wissens (*Etymologiae*), einer ersten *Summa*, und auf portugiesischem Territorium der hl. Martin von Braga, Moralist, Theologe, Kirchenrechtler, Übersetzer aus dem Griechischen und geistlicher Führer des Königshofes.

Portugal als Teil des islamischen und christlichen Spanien. Die Reconquista

Epochenüberblick

Als ab 711 arabisch-berberische muslimische Heere nach Spanien übersetzten, in kurzer Zeit das Westgotenreich zerschlugen und sich fast der gesamten Halbinsel bemächtigten und eine neue politische Struktur, Religion und Kultur instituierten, scheint die vorgezeichnete Entwicklung einer christlich-lateinischen Iberia zu ihrem Ende gekommen zu sein. Das nun islamisch beherrschte Spanien unter der Bezeichnung Al-Andalus bestand zunächst als Provinz des Kalifats von Damaskus, war ab 756 ein politisch weitgehend unabhängiges Emirat mit der Hauptstadt Córdoba und von 929 bis 1031 unabhängiges Kalifat, das in der Folge in eine größere Zahl von Kleinkönigreichen und weitgehend selbständigen Herrschaftsgebieten (»Taifas«) zerfiel.

In der Zwischenzeit hatten sich im Norden, vor allem im Cantábrico und in den Pyrenäen, Gebieten, die nie von den Moslems besetzt worden waren, aus noch existierenden Grafschaften und Widerstandsnestern christliche Königreiche formiert (Asturien-León, Navarra, Kastilien, Aragón), die zwar durch fast ständige dynastische Streitereien und Verschiebungen in sich keine einheitliche politische oder militärische Macht darstellten, zeitweilig sogar vom islamischen Al-Andalus mehr oder weniger abhängig waren, aber doch zunehmend Druck auf den islamischen Raum ausübten und ihren Machtbereich militärisch, auch unter Ausnutzung von Konflikten im islamischen Bereich und unter Zuhilfenahme bewusster Bevölkerungs- und

Siedlungspolitik, besonders in der Epoche der Taifas, nach Süden ausdehnten (*reconquista*, Rückeroberung). Spektakuläre Rückschläge, aber auch zwei fundamentalistische Wellen aus Nordafrika (Almoraviden, Almohaden), die die islamische Herrschaft und Rechtgläubigkeit zu festigen suchten und spürbare Einschnitte in der Geschichte von Al-Andalus darstellten, konnten das Vorrücken der christlichen Königreiche (definitiver Wendepunkt 1212 Sieg bei Las Navas de Tolosa) nicht entscheidend hemmen. Die Reconquista kann mit der Eroberung Murcias 1265 durch Kastilien als praktisch abgeschlossen betrachtet werden. Als islamischer Vasallenstaat Kastiliens konnte sich nur das Emirat Granada bis 1492 halten.

Die Diskussion, warum die islamische Herrschaft in Spanien trotz militärischer Erfolge, trotz überlegener materieller Kultur und geistiger Blüte, trotz eines zweifellosen jahrhundertelangen Einflusses dieser Kultur auf das Bewusstsein der hispanoromanischen Bevölkerungsmehrheit, zumindest aber der sozialen Eliten, und einer doch wohl intensiven gegenseitigen Berührung der Gruppen, schließlich scheiterte, ist zum Teil unter ideologischen Vorgaben und äußerst kontrovers lange geführt worden. Entscheidende Gründe waren wohl die Heterogenität, auch unter den Eroberern selbst, die weitgehende demographische Übermacht der Hispanoromanen, die letztliche wie auch immer zu bestimmende Unvereinbarkeit – von Ausnahmen abgesehen – von Islam und etabliertem Christentum, die beide unterschiedliche Welt- und damit politische, soziale etc. Konzepte entwickelten, und das Fehlen eines irgendwie politisch aktiven oder aktivierbaren Einheitsbewusstseins, eines gemeinsamen ›Mythos‹ o.ä. Die

Stärke der christlichen Königreiche beruhte zumindest am Anfang wohl nicht zuletzt auf dem jederzeit möglichen Rückgriff auf Unterstützung durch das weite christlich-europäische ›Hinterland‹. In diesem Rahmen formierte sich auch der Staat Portugal.

711–756	Al-Andalus Provinz des Omayaden-Kalifats von Damaskus
718 (722?)	Sieg Don Pelayos bei Covadonga. Beginn der Reconquista
739–757	Alfonso I. Begründer des Reiches Asturien-León
756–929	Al-Andalus weitgehend unabhängiges Emirat. Hauptstadt Córdoba
822–852	Abd-ar-Rahman II. Verwaltungsreform
866–910	Alfonso III. von Asturien-León. Konsolidierung der Duero-Grenze
866	Eroberung Coimbras
912–961	Abd-ar-Rahman III. Endgültiger Bruch mit Damaskus 929. Annahme des Kalifen-Titels
929–1031	Kalifat von Córdoba
931–951	Ramiro II. von Asturien-León. Sieg über Abd-ar-Rahman III. bei Simancas 939
978–1002	Almanzor, *hachib* (erster Minister) unter dem Kalifen Hischam II., Vordringen mit erfolgreichen militärischen Einfällen bis in die Kernzonen christlicher Gebiete
943	Erster Versuch der Abtrennung Kastiliens von Asturien durch Rebellion des Conde Fernán González
1005–1035	Sancho III. von Navarra. Glanzepoche des Königreichs Navarra
1029	Vorübergehender Anschluss Kastiliens an Navarra (bis 1035)
Ab 1031	Taifa-Königreiche
1085	Eroberung des Taifa-Königreichs von Toledo durch Alfonso VI.

1086–1147	Al-Andalus Teil des Reiches der Almoraviden (Berberdynastie in Nordafrika)
1086	Niederlage Alfonsos VI. von Kastilien-León bei Zalaca
1104–1134	Alfonso I. von Aragón. Vordringen ins Ebro-Tal
1147	Eroberung Lissabons durch Afonso Henriques und ein Kreuzfahrerheer
1148–1232	Al-Andalus unter der Almohaden-Dynastie. Hauptstadt Sevilla
1195	Niederlage Alfonsos VIII. von Asturien-León bei Alarcos
1212	Entscheidender Sieg einer Allianz christlicher Könige bei Las Navas de Tolosa
1230–1265	Große territoriale Verluste der Moslems
1249	Ende der Reconquista für Portugal
1232–1492	Nasriden-Emirat und Königreich von Granada

Al-Andalus – das islamische Spanien

Das in der historischen Erinnerung der iberischen Halbinsel überwiegend glanzvoll erscheinende und positiv beurteilte, aber de facto offenbar doch von inneren Konflikten und zunehmenden Verfallserscheinungen gezeichnete Reich der Westgoten fand mit dem Einfall islamischer Araber und Berber ein jähes Ende. 711 landeten Tariq Ibn Ziyad und im folgenden Jahr Musa Ibn Nusayr, der muslimische Statthalter Nordafrikas, bei Gibraltar (»Berg des Tariq«). Sie vernichteten in der Schlacht bei Jérez die westgotische Monarchie und bemächtigten sich in wenigen Jahren der iberischen Halbinsel mit Ausnahme eines relativ schmalen Streifens der gebirgigen kantabrischen Küste (Asturien) und der Pyrenäen.

Unter der Bezeichnung Al-Andalus war das eroberte Spanien nunmehr eine Provinz des Omayaden-Kalifats, das sein Zentrum in Damaskus hatte und sich über Nordafrika und den Nahen Osten bis nach Zentralasien erstreckte. Es existieren relativ wenige Dokumente über die ersten vierzig Jahre der islamischen Präsenz in Spanien. Obwohl die neue Herrschaft sich rasch etablierte und auf der Grundlage der westgotischen Strukturen eine Verwaltung aufbaute, deutet doch die Zahl von 23 Gouverneuren, die, zum Teil dem Gouverneur von Kairouan (Tunis) unterstellt, bis 756 das Land verwalteten, auf eine gewisse politische Bewegtheit hin, die aber wohl im wesentlichen auf Konflikte innerhalb der neuen herrschenden Klasse und weniger auf Widerstand der beherrschten Hispanoromanen und Westgoten zurückging.

Nach 750 brach die Herrschaft der Familie Omeya in Damaskus zusammen und nahezu alle ihre Mitglieder wurden ermordet. Ein Überlebender gelangte nach Spanien und errichtete dort, gestützt auf den Legitimitätsanspruch der Omayaden, als Abd-ar-Rahman I. (756–788) seine Herrschaft als praktisch unabhängiges Emirat mit der Hauptstadt Córdoba (756–929). Anerkannt wurde noch die geistliche Autorität des Kalifen.

Unter seinem dritten Nachfolger, Abd-ar-Rahman II. (822–852), brachte eine Verwaltungsreform die absolute Herrschaft des Souveräns auf den Weg, konnte aber immer wieder ausbrechende innere Konflikte, wie die zeitweise Entstehung halb unabhängiger kleiner Herrschaften (z. B. Sevilla, 890) oder Rebellionen in den Marken, weitgehend menschenleeren Gebieten, die der Sicherung dichter besiedelter Zonen dienen sollten (die bedeutendste, als Grenzmark gegen den Norden das Duero-Tal, daneben Marken von Zaragoza und Toledo), nicht verhindern.

Abd-ar-Rahman III. (912–961) bricht endgültig mit Damaskus, wo sich die Dynastie der Abasiden etabliert hatte, und nimmt selbst den Kalifen-Titel an (929). Es beginnt die glanzvollste Epoche von Al-Andalus. Die militärische Überlegenheit über die christlichen Königreiche des Nordens, die sich gebildet und merklich ausgedehnt und Al-Andalus in zunehmendem Maße zugesetzt hatten, wurde wieder hergestellt und machte diese sogar tributpflichtig. Die Glanzzeit setzt sich auch noch fort unter dem Kalifen Hischam II. und seinem ersten Minister (*hachib*) Almanzor (Muhammed Ibn Abi Amir), der in Córdoba eine Art Diktatur errichtet (978–1002) und durch militärische Einfälle bis in die Kernzonen der christlichen Gebiete vordringt (Barcelona, Santiago de Compostela). Nach seinem Tod begann ein rascher Zerfall des Kalifats durch nur noch schwer beherrschbare innere Konflikte. Der letzte Kalif, Hischam III. (1029–1031), versuchte erfolglos eine Konsolidierung seines Reiches, wurde durch eine Verschwörung entmachtet und eingekerkert, konnte aber fliehen und starb 1036 im Exil in Lérida.

Mit Hischam III. endete das Kalifat von Córdoba; es begann die Zeit der Taifa-Königreiche (1031), zuerst über dreißig, dann zwanzig, die länger bestanden. In ihnen dominierte jeweils eine der ethnischen oder sozialen Gruppen von Al-Andalus. Einige waren beherrscht von Arabern oder zum Islam konvertierten ehemaligen Christen (*muladíes*, so Sevilla, Zaragoza, Toledo), andere von Berbern (Granada), einige an der levantinischen Küste sogar von ehemaligen slawischen Sklaven oder Soldaten. Die Taifas waren politisch und militärisch schwach, besaßen aber noch weitgehend eine blühende Kultur.

Nach der Eroberung des Taifa-Königreichs von Toledo (1085) durch Alfonso VI., König von León und Kastilien, rief Motamid, der König von Sevilla, eine Berberdynastie der Westsahara (heute Mauretanien), die Almoraviden, zur Hilfe. Diese landeten mit ihren Truppen 1086 und besiegten Alfonso VI. bei Zalaca (1086). Sie annektierten die übrigen Taifas (außer Zaragoza sowie Valencia, wo der Cid saß) und etablierten ihre Herrschaft über das islamische Spanien. Die Almoraviden, an einfache und frugale Lebensweise gewöhnt, errichteten, unterstützt von islamischen Predigern und Rechtsgelehrten, eine Herrschaft strenger bis fanatischer religiöser Observanz (1086–1144) und schufen ein Klima religiöser Intoleranz, die zur Auswanderung vieler Christen (*moçárabes* genannt) führten. Freilich erlagen auch sie bald den Verlockungen der Kultur und Lebensart von Al-Andalus. Mit dem Niedergang ihrer Herrschaft nahm der Druck der Christen wieder zu.

In Nordafrika hatte sich seit 1121 (Ibn Tumart) eine gegen die Almoraviden gerichtete Bewegung unter der Berberdynastie der Almohaden entwickelt, die ebenso streng und asketisch orientiert war wie einst die Almoraviden, die die Almoraviden-Dynastie erfolgreich bekriegte und sich bis 1160 des gesamten Westens der islamischen Welt bemächtigte. In Al-Andalus übernahmen sie gewissermaßen als zweite fundamentalistische Welle 1148 die Macht (1148–1232). Sie installierten ihre Hauptstadt in Sevilla. Ihre Intoleranz richtete sich diesmal auch gegen die Juden. Viele konvertierten zum Islam, auch nur zum Schein, oder wanderten aus, zum Teil auch in christliche Gebiete. Unter dem Zeichen des Heiligen Kriegs errangen die Almohaden sogar den letzten namhaften Sieg gegen Kastilien unter Alfonso VIII. bei Alarcos 1195. Der schließlich das Schicksal von Al-Andalus entscheidende Gegenschlag durch ein Bündnis aus Kastilien, Aragón und León unter Alfonso VIII. von Kastilien erfolgte spätestens 1212 in der Schlacht von Las Navas de Tolosa (Jaén), von dem sich das muslimische Spanien nicht mehr erholte. Zwischen 1230 und 1265 erlitt es im Süden große Territorialverluste (Córdoba 1236, Sevilla 1248, Cádiz 1261). Es blieb nur noch Granada, das sich unter der Dynastie der Nasriden und in Anerkennung der kastilischen Oberhoheit bis 1492 halten konnte. So umfasst die islamische Präsenz als politische Größe auf der iberischen Halbinsel einen Zeitraum von insgesamt fast acht Jahrhunderten.

Ein wesentliches Problem, das Al-Andalus seit 711 bis zu seinem schließlichen Ende begleitete, war – auch in den Phasen seiner politischen Einheit, dem Emirat (756–929) und dem Kalifat (929–1031) – der heterogene Charakter seiner Ethnien, seiner Religionen und seiner sozialen Strukturen, die auch der Islam offenbar nie zu einer wirklich belastbaren Einheit bringen konnte, zumal dieser selbst sich in Strömungen teilte. Die Randlage von Al-Andalus, d.h. die relativ große Entfernung von den Kerngebieten der islamischen Welt, mag ebenfalls eine Rolle gespielt haben, obwohl die genannte Heterogenität auch dort bestand und zum Teil von dort auf die iberische Halbinsel importiert wurde; im übrigen bestand fast immer eine Verbindung zum Norden Afrikas.

Die demographischen Verhältnisse wie auch die Formen des Nebeneinanders der einzelnen Gruppen waren gewissen Veränderungen unterworfen. Die eigentliche Führungsschicht stellten die muslimischen Araber dar, die die wichtigen Positionen innehatten, aber zahlenmäßig eine Minderheit darstellten, wobei es auch unter ihnen Fraktionen gab (z. B. die Yemeníes und die Quaysíes). Das Gros der Erobererheere und der sich ansiedelnden Moslems waren nordafrikanische Berber, die in einem spürbaren ethnischen Gegensatz zu den Arabern standen und sich in der Regel benachteiligt sahen. Dann waren da natürlich die zum Islam übergetretenen einheimischen Spanier (*muladíes*), die eine weitere Interessengruppe darstellten. Die arabisch akkulturierten Christen (*mozárabes, moçárabes*) bildeten zeitweilig, besonders anfangs, wohl die große Masse der Bevölkerung, die als *dimmíes* zwar höher besteuert waren, aber doch relative Freiheit, auch in der Ausübung ihrer Religion, genossen, soweit das islamische Gesetz diese vorsah. Die Juden wiederum hatten einen eigenen Status.

Die ungeheuren Leistungen der Araber auf zivilisatorischem und kulturellem Gebiet sind so bekannt, dass sie hier nicht näher ausgeführt werden müssen. Schwer durchschaubar ist, wie weit die kulturelle Durchdringung, etwa auf dem flachen Land, tatsächlich stattfand. So setzt etwa die Entwicklung einer leistungsfähigen Kleinlandwirtschaft dank der von den Arabern eingeführten neuen Bewässerungstechniken und der Wassermühlen einen relativ engen Kontakt der ländlichen Bevölkerung mit der fremden Kultur voraus; auf eine nur wenig intensive Durchdringung des ländlichen Raums deuten hingegen die nach dem Verschwinden der westgotischen Grundherrschaft sich in einem möglichen politischen Leerraum selbst organisierenden Dorf- und kleineren Regionalgemeinschaften (*conventus publici vicinorum*).

Sprachlich ist der arabische Anteil im Spanischen wie im Portugiesischen unübersehbar. Sprachwissenschaftler haben freilich darauf hingewiesen, dass sich der sprachliche Einfluss auf das Vokabular beschränkt (keine nennenswerten Spuren in der Syntax) und dort überwiegend auf genau umgrenzbare fachspezifische Wortfelder. Anderseits lebt die Erinnerung an die Zeit der arabischen Herrschaft in Toponymen (in Portugal »Alfama«, »Mouraria«, »Arco da Medina« etc.), in baulichen Resten (z. B. der Maurenburg von Sintra) und Architekturformen, die zum Teil in nacharabischer Zeit weitergepflegt wurden (*arte mudéjar*), fort. Volkslegende und Ballade (*romance*) zeichnen besonders in Portugal ein Nebeneinander der beiden Kulturen, dem Kreuzzugsmentalität weitgehend fremd ist. Offenbar muss eine nach Ort und Zeit stark differenzierte Situation angenommen werden.

Auf dem Territorium des heutigen Portugal war der Islam als politischer Faktor immerhin bis zum Jahre 1249 präsent. Seine somit etwa 500jährige Verweildauer relativiert sich allerdings insofern, als sie von Gegend zu Gegend stark variierte. Porto und Braga wurden 868 zurückerobert, Coimbra definitiv 1064, Lissabon 1147; daneben gab es immer wieder Rückschläge. Auch das im allgemeinen als sehr intensiv eingeschätzte arabische Erbe im Raum des heutigen Portugal kann nuanciert gesehen werden. Im Norden kaum vorhanden, ist es im Algarve nicht übersehbar. Dass es den damals dominierenden Bevölkerungstypus veränderte, ist anzunehmen; in welchem Maße dies der Fall war, ist schwer zu entscheiden.

Al-Garb al-Andalus

Die traditionelle Geschichtsschreibung zu Portugal hat, bedingt durch eine vorgegebene Perspektivierung ihres Geschichtsverständnisses, aber auch objektive Gegebenheiten, der Behandlung der Territorien, die erst im Rahmen der Reconquista erobert, d.h. erst zu »Portugal« werden sollten, relativ wenig Raum gegeben bzw. sie in einer allgemeinen Darstellung von Al-Andalus aufgehen lassen. Die in Frage kommenden Territorien, in neueren Darstellungen (H. Saraiva, J. Mattoso u.a.) unter dem Namen »Al-Garb al-Andalus« (»der Westen von Al-Andalus«) gefasst, waren ja in der Tat Teil des islamischen Al-Andalus, teilten auch im wesentlichen das politische und kulturelle Schicksal des islamischen Spanien und erschienen innerhalb dieses Bereichs strukturell allenfalls durch die Randlage, d.h. die relative Entfernung von den Zentren der politischen Macht und die Nähe des Meeres, gesondert.

Neuere Darstellungen präzisieren die doppelte Bedingtheit durch Zugehörigkeit und Randlage (Coelho 1989, Macias 1993) weiter und zeigen spezifische Geschichtsverläufe von Al-Garb al-Andalus auf. Ältere, zum Teil kirchlich bedingte, aus westgotischer oder gar aus römischer Zeit datierende territoriale Einteilungen bestehen weitgehend weiter, die Verwaltung der Städte lehnt sich erkennbar an die Amtsorganisation der Westgotenzeit an. Innerhalb der Emirate, der größten Verwaltungseinheit des islamischen Reiches, gruppierten sich Distrikte (*kura*, Plural *kuwar*) mit größeren Städten als Zentren, in Al-Garb Silves (Silb), Beja (Baja), Mértola (Martula), Évora (Yabura), Lissabon (Al-Usbuna), Santarém (Shantarin), Alcácer do Sal (Al-

Qasr Abu Danis) und, solange es unter islamischer Herrschaft stand, Coimbra (Kulumriyya). Weitere bedeutende Städte waren Elvas (Yalbas) und Faro (Ossónoba, später Santa Mariya al-Harun). Die verschiedenen Bevölkerungsgruppen lebten in getrennten Stadtvierteln und, wenn auch eingeschränkt und vor allem steuerlich nicht gleichbehandelt, zum Teil nach eigenen Gesetzen.

Die Städte waren im wesentlichen Standorte von zum Teil hochentwickeltem Handel und Handwerk. Das landwirtschaftlich genutzte Umland, das durch neu eingeführte Techniken viel gewonnen hatte, produzierte Obst, Gemüse, Feigen, Mandeln, Getreide, Oliven; an der Küste spielten auch Fischfang und Salzgewinnung eine erhebliche Rolle. Das Land befand sich zum Teil in der Hand von Großgrundbesitzern, die meist in den Städten lebten, es existierte aber auch Kleinlandwirtschaft von *moçárabes* und *muladis*. Ob es wirklichen Feudalismus gab, ist umstritten. Es scheint, dass vieles an Dienstleistungen über Geldverkehr bzw. Steuern abgeglichen wurde. Der Bergbau lieferte Kupfer und Silber (Minen im Alentejo), Zinn (Algarve) und Gold (Baixo Tejo).

Von zeitgenössischen Quellen zu Al-Garb al-Andalus sei hier vor allem Al-Sharif al-Idrisi (1100–1166) aus Córdoba genannt, der im Dienst des Königs Roger II. von Palermo stand, wohl als Kundschafter wirkte und ein sehr vorteilhaftes Bild des Landes zeichnet.

Islamisierung und Arabisierung der beherrschten Bevölkerung erfolgen in Al-Andalus zumindest in den ersten Jahrhunderten (vor 1086) langsam und mit erkennbarer Toleranz gegenüber vorgefundenen religiösen und kulturellen Gegebenheiten. Das politische und kulturelle Gewicht des autochthonen Bevölkerungsteils – ob *moçárabes* oder *muladis* – scheint in Al-Garb stärker gewesen zu sein als in anderen Teilen von Al-Andalus.

Nach der Landung Tariqs und Musa ben Nusayrs, des Gouverneurs von Tunis, 711 wird der Westen der iberischen Halbinsel durch Abd-al-Aziz, den Sohn Musas, 714–716 in Besitz genommen und in weiten Bereichen über Vereinbarungen zwischen ansässiger Bevölkerung, auch kirchlicher Hierarchie, und den neuen Herren beherrschbar gemacht. Die neue Herrschaft trug militärische Konturen: islamische Truppen, meist stammesmäßig organisiert, waren in Burgen stationiert, kontrollierten das Umland und zogen Steuern ein. Dieses System gab einzelnen militärischen Führern freilich immer wieder Gelegenheit zu Revolten. So hatte das durch Abd-ar-Rahman I. etablierte Omayaden-Emirat schon nach 763 Revolten von Truppen des Yashubi-Stammes zu begegnen, die die in Damaskus herrschende Abasiden-Dynastie als Souverän anerkannten und den Omayaden weitgehende Herrschaftsrechte im Norden und Nordwesten von Al-Andalus abtrotzten. Das neunte Jahrhundert bringt einen Aufstand mit dem Zentrum Mérida, der erst 835 durch Abd-ar-Rahman II. beigelegt werden konnte; ihm folgt in der zweiten Hälfte des Jahrhunderts seit 868 bzw. 884 eine Revolte, an deren Spitze Rahman ben Marwan al-Jiliqi und ein *muladi*, Sadum Fath as-Surumbaqi, standen, die sich in Idanha-a-Velha installierten und von dort aus fast ganz Al-Garb al-Andalus als unabhängiges Gebiet in ihre Gewalt brachten bzw. dem Emir abpressten und zum Teil auch am Hof von Córdoba residierten. Die endgültige Wiederintegrierung Al-Garbs nach Al-Andalus gelang erst dem Kalifen Abd-ar-

Rahman III. 930 durch die Übernahme Évoras und die ehrenvolle Eingliederung der Familie Marwan in den Hof von Córdoba.

Während des Kalifats (929 bis zumindest 1009) vollzieht sich wenig politisch Spektakuläres in Al-Garb. Noch vor 1031 bilden sich freilich erste Taifas, unabhängige kleine Staaten bzw. Königreiche: Badajoz (1009–1094), Lissabon (1022–1093), Mértola (1033–1044), Santa Maria de Ossónoba (später Santa Mariya al-Harun, 1018–1051), Silves (1040–1063, dann zu Sevilla), Santarém (1044–1045, dann zu Badajoz). Eine bemerkenswerte politische Präsenz und Machtkomponente der Taifas von Al-Garb zeigen in dieser Phase die Christen und die *muladis*.

In der zweiten Hälfte des elften Jahrhunderts beginnt der Niedergang der Taifas, zum Teil durch die Ausbreitung der Zentren Badajoz und Sevilla, zum Teil durch das Vorrücken der christlichen Königreiche.

Die Situation verändert sich völlig mit der Übernahme der Macht durch die Almoraviden unter Yusuf ben Tasufin (Schlacht von Zalaca 1086) und die militärischen Aktionen Sir ben Abu Bakrs (1090–1117), die den noch verbleibenden Taifas ein Ende bereiten, darunter den drei kurzlebigen Taifas auf dem Gebiet des späteren Portugal: Mértola, Silves und Tavira, die bis 1151 wieder Teil des Almoraviden-Kalifats werden.

Schon unter Yusufs Sohn werden die Almoraviden freilich wieder zurückgedrängt. 1147 fallen schließlich Lissabon und Santarém an die Christen. Gleichzeitig entstehen im islamischen Machtbereich neue Taifas.

Im Rahmen der Auseinandersetzungen profiliert sich eine neue Führergestalt: Ibn Qasi ist seit 1144 politisch in

Al-Garb aktiv, nachdem er in seiner Jugend religiös mit asketischer Observanz orientiert gewesen war. 1144 erobert einer seiner Gefolgsleute die Burg von Mértola. Ibn Qasi wird zur politisch-militärischen Führergestalt. Andere revoltieren und unterstellen sich ihm. Als einer von ihnen, Ibn Wasir, ihn von der Macht verdrängt, holt er Hilfe bei den Almohaden in Nordafrika. Sie kommen und setzen ihn als Herrn von Silves ein (1147). Wieder einmal ist Al-Garb eigentlich souverän. 1148 treten die Almohaden die Herrschaft über Al-Andalus an. Als Ibn Qasi sich weigert, wie die anderen Großen von Al-Andalus dem Kalifen Abd-al-Mumin zu huldigen (1151), wendet er sich um Hilfe an den portugiesischen König Afonso Henriques. Der schickt ihm als Zeichen seiner Verbundenheit ein Pferd und Waffen – ein bezeichnender Vorgang in den Wirren des Konfliktes. Ibn Qasi bezahlt freilich diese Allianz mit seinem Leben. Er wird von der Bevölkerung von Silves ermordet.

Die Feldzüge Geraldo Sem Pavors (»ohne Furcht«) entreißen dem Kalifen Teile des Algarve und des Alentejo. 1184 stirbt Yusuf I. beim erfolglosen Versuch, Santarém zurückzugewinnen. Sein Nachfolger Abu Yussuf Yaqub al-Mansur verbündet sich mit León gegen Alfonso VIII. von Kastilien. Die Schlacht von Alarcos 1195 ist der letzte bedeutende Sieg von Al-Andalus. Die Reconquista gerät vorübergehend ins Stocken. Der Tejo bleibt vierzig Jahre lang die Nordgrenze des islamischen Bereichs. Doch mit dem Sieg der christlichen Reiche bei Las Navas de Tolosa 1212 ist dessen Schicksal besiegelt. Ab jetzt verliert Al-Andalus in regelmäßiger Folge Position auf Position: Alentejo und Algarve werden erobert, 1232 die Burgen von Moura und Serpa, 1234 Beja und Aljustrel, 1238 Mértola, Ende des folgenden Jahrzehnts dann als letzte die Enklave Faro (Santa Mariya al-Harun) und Silves durch Paio Peres Correia, den Meister des Santiago-Ordens. Spätestens 1251 werden diese Gebiete portugiesisch und werden es bleiben. Als Erinnerung an Al-Garb (und zur Abwehr fremder Ansprüche) besteht freilich das »Königreich Algarve« als bloßes Titularkönigreich der portugiesischen Könige – immer zusammen mit Portugal genannt – bis zum Ende der Monarchie 1910 weiter.

Die christlichen Königreiche des Nordens im 8.–15. Jahrhundert

Der christliche Widerstand entwickelte sich in den Rückzugsgebieten des Nordens schon bald nach der Etablierung des islamischen Al-Andalus. Die Tradition nennt einen gewissen Pelayo, der in einem Gefecht bei Covadonga 722 (oder 718 oder 726) den ersten Sieg gegen die Moslems errungen haben soll. Es handelte sich in den Anfängen wohl um Abwehrscharmützel auf Stammesgrundlage unter Beteiligung geflüchteter Westgoten. Ersten planmäßig organisierten Widerstand in größerem Umfang leistete das Königreich Asturien. Langsamer konsolidierte sich der Widerstand in den Pyrenäen, wo einerseits Al-Andalus vom Ebro her drückte, anderseits die Karolinger aus dem Norden die Grenze vorschoben. Anderseits bestanden auch friedliche, ja sogar verwandtschaftliche Beziehungen über die Grenze hinweg, so etwa Anfang des neunten Jahrhunderts zwischen der christlichen Dynastie der Arista in Pamplona und den Banu Qasi, einer zum Islam konvertierten ehemals christlichen Familie in Tudela am Ebro.

Welche Position Pelayo (†733) und sein Sohn innehatten, ist schwer zu beurteilen. Eigentlicher Begründer des Königreichs Asturien(-León) war Alfonso I. (739–757), der eine gezielte Besiedelungspolitik des bevölkerungsarmen Cantábrico durch Abzug von Menschen aus dem Duero-Tal betrieb, wodurch dieses fast menschenleer wurde und erst unter Alfonso III. (866–910) wieder aus dem inzwischen gebildeten Bevölkerungsüberschuss des kantabrischen Gebirges, auch aufgrund von Fluchtbewegungen von Christen aus Al-Andalus, besiedelt und als Grenze konsolidiert wurde. Die Könige von Asturien betrachteten sich als direkte Nachfolger der westgotischen Könige und hatten eine gewisse Vormachtstellung unter den christlichen Königreichen des zehnten Jahrhunderts inne, verfügten sie doch auch über andere prestigeträchtige Faktoren wie Covadonga und das Jacobs-Grab in Santiago de Compostela. Ihre Hauptstadt war ursprünglich Oviedo, dann León. Einen Höhepunkt ihrer Machtentfaltung markierte der Sieg Ramiros II. (931–951) über Abd-ar-Rahman III. bei Simancas (939). Freilich ließ sich die Einheit des Königreichs, das 940 die Duero-Grenze erreicht und südlich von Zamora weit überschritten hatte, nicht mehr völlig aufrechterhalten. Die galizischen Grafen schalteten und walteten weitgehend selbständig. Ein entscheidender Vorgang war die praktische Abtrennung Kastiliens von León ab etwa 960 infolge der Rebellion des Conde Fernán González. Kastilien blieb unabhängig, bis es als Grafschaft 1029 an Navarra fiel, durch Erbschaft an Fernando I., Sohn Sanchos des Großen von Navarra, kam und von da an, vor allem nach der Vereinnahmung Leóns, als eigenes Königreich weiterbestand.

Mit dem Tod Ramiros II. (951) hatte der Niedergang des asturisch-leonesischen Reiches begonnen. Andere Königreiche mischten sich ein, sogar Córdoba intervenierte entscheidend. Die Schwäche wurde völlig offenbar in der Epoche Almanzors, der seine Feldzüge weit in die christlichen Gebiete hinein führte. Er zerstörte 981 Zamora, plünderte 987 mit Hilfe der galizischen Grafen und Rebellen aus León Coimbra, Sahagún und andere Städte des Königreichs, 988 León. Ein Hilfeersuchen eines Thronkandidaten von León an Almanzor führte zu weitgehender Kontrolle des Königreichs durch diesen. Schließlich wurde das Königreich Asturien-León zu Kastilien geschlagen, das in gewissem Sinn sein Nachfolgestaat wurde.

Die Grafschaft Kastilien war ursprünglich der südöstliche Teil Asturien-Leóns gewesen, z. T. Niemandsland, eine Ebene, die keinen natürlichen Schutz gegen Al-Andalus bot, daher wenig interessant für Adel und Klöster war, mit einer Bauernbevölkerung, die selbst das anderswo dem Adel vorbehaltene Kriegshandwerk übte und weitgehend auf sich selbst gestellt war. Die vom König bestellten Grafen gewannen so auch einen gewissen politischen Freiraum und ein entsprechendes Selbstbewusstsein. Der Graf Fernán González (†970) betrieb eine planmäßige Loslösung von León und wurde der erste unabhängige Graf von Kastilien. Sein Sohn García Fernández (970–995) richtete eine Art stehendes Heer ein, dessen Rückgrat Bauern waren, die ein kriegstüchtiges Pferd besaßen (*infanzones*), womit sich auch eine teilweise neue soziale Schicht bildete. Kastilien wurde damit allmählich neben Aragón zum Hauptträger der Reconquista.

An der Pyrenäengrenze formierten sich die Staaten Navarra, Aragón und Katalonien. Navarra, dessen Ursprünge auf ein Ausgreifen der Franken in das maurische Gebiet südlich der Pyrenäen zurückgehen, erlebte seine bedeutendste Epoche unter König Sancho III. (1005–1035). Er wirkte politisch in die benachbarten christlichen Königreiche hinein, förderte die cluniazensische Reformbewegung und den Camino de Santiago. Sein südlich der Pyrenäen gelegener Teil wurde 1512 von Kastilien annektiert, der nördlich der Pyrenäen gelegene 1589 durch Heinrich IV. in Personalunion mit Frankreich verbunden.

Ähnlich sind die Ursprünge Aragóns, seit 1035 Königreich, das unter Alfonso I. (1104–1134) ins Ebro-Tal vordrang, 1118 Zaragoza eroberte, dann Huesca und Teruel. Aragón verband sich 1164 dynastisch mit den Grafen von Katalonien zu einer Staatengemeinschaft, der »Krone Aragón«. Da Aragón durch das rasche Vorrücken Kastiliens, das auch das Mittelmeer erreichte, der Weg nach Süden sozusagen abgeschnitten wurde, griff es auf die Balearen aus und gewann schließlich das Königreich Neapel und Sizilien. Aragón ist das zweite mächtige christliche Reich des Mittelalters in Spanien und sollte in der Folge, verbunden mit Kastilien durch die *Reyes Católicos* Isabel von Kastilien und Fernando von Aragón, 1492 die Reconquista durch die Annektierung des Königreichs Granada vollenden.

Die Reconquista war kein einheitlicher Vorgang. Man profitierte von örtlichen politischen Gegebenheiten, Beutegier, und zum Teil kleinräumige machtpolitische Erwägungen überwogen in der Regel zunächst gegenüber religiösen Kriterien. Lokale Bündnisse mit »Ungläubigen« gegen einen verhassten Glaubensbruder oder den Lehensherrn sind häufig. Tatsache ist freilich auch, dass, weitgehend bedingt durch innere Rivalitäten im islamischen Machtbereich, die sich allmählich vereinigenden christlichen Königreiche mit einer gewissen Unaufhaltsamkeit von Norden nach Süden vordringen. Im Rahmen dieser Entwicklung entsteht der Staat Portugal.

Portugal im Mittelalter: Die Entstehung des portugiesischen Staates und die Dynastie Burgund

Epochenüberblick

Die Epoche ab den ersten Jahrzehnten des zwölften Jahrhunderts bis 1385 sieht die Loslösung Portugals aus dem Königreich León, seine gezielte Konsolidierung und territoriale Festlegung unter einer Reihe in der Regel fähiger Könige und schließlich seine auch von weiten Kreisen des Volkes bewusst gepflegte Selbstbehauptung gegen den kastilischen Nachbarn. Diese erste Entwicklungsphase Portugals vollzieht sich unter der sogenannten burgundischen Dynastie seit dem Grafen Henrique von Portucale und besonders seinem Sohn Dom Afonso Henriques, dem ersten König von Portugal (1139–1185) bis zum letzten glücklosen Spross der Dynastie, Dom Fernando. Nach dessen Tod berufen die Generalstände und die Nation in einem fast revolutionären Vorgang einen neuen König, Dom João I., der die Dynastie Avis begründen wird.

Das mittelalterliche Portugal ist mit seiner feudalistischen Gesellschaftsordnung und einem sich Schritt für Schritt herausbildenden Bürgertum sozial prinzipiell ähnlich strukturiert wie die ihm zeitgenössischen mittel- und westeuropäischen Staaten. Als Besonderheit ist es, wie sein kastilischer Nachbar, in die Reconquista involviert, die von den Königen Portugals systematisch vorangetrieben und 1249 mit der Eroberung des Algarve abgeschlossen wird. Eine freilich ebenso wichtige politische Konstante ist das ständige Bemühen Portugals, den mächtigen Nachbarn

Kastilien auf Distanz zu halten, was angesichts der Größen- und Machtverhältnisse, aber auch der unterschiedlichen Interessen und traditionellen Verhaltensweisen der einzelnen sozialen Klassen, insbesondere des Adels und seiner Heiratspolitik, nicht immer reibungslos gelingt. Charakteristisch ist für Portugal die starke, fast unbestrittene Stellung des Königs, die zusammen mit der relativen Überschaubarkeit des zu beherrschenden Territoriums Portugal früh zu einem in sich geschlossenen Staat macht und als solchen agieren lässt, während die übrigen Mächte des Kontinents noch weitgehend in inneren Konflikten auf dem Weg zur Findung ihrer Einheit und ihrer Grenzen befangen sind.

Wie die meisten übrigen Staaten Europas stellt die Landwirtschaft die wirtschaftliche Basis des Landes dar, die freilich nicht immer stabil ist (Missernten, Bildung von Ödland, Notwendigkeit ›innerer Kolonisation‹, auch infolge der Reconquista etc.). Das Bürgertum erstarkt, ein bescheidener Überseehandel entwickelt sich, wobei das Meer freilich noch nicht im entferntesten die prägende Bedeutung haben sollte, die ihm später zukam. Mit dem Bürgertum entwickelt sich anderseits, durch die Monarchie unterstützt, eine vom kirchlichen und klösterlichen Bereich zunehmend unabhängige Bildung, auch im universitären Bereich, die vor allem in der Rechtspflege und der Verwaltung zu einer wesentlichen Stütze der Monarchie und einem Gegengewicht gegen die Macht des Adels werden sollte.

938	Erste Erwähnung einer Grafschaft »Portucalia«
1096	Heinrich von Burgund erhält die Grafschaft Portucalia (Portucale) als Lehen
1139	Schlacht von Ourique. Sieg Afonso Henriques'

1140–1185 Dom Afonso Henriques König
1143 Anerkennung Dom Afonso Henriques' als König durch Alfonso VII. von León und Kastilien
1147 Eroberung Lissabons

1185–1211 Dom Sancho I. (*o Povoador*)

1211–1223 Dom Afonso II.
1217 Eroberung von Alcácer do Sal

1223–1245 Dom Sancho II. (1245 Amtsenthebung durch Papst Innozenz IV.)
1226–1242 Angriffe gegen die Mauren im Alentejo und im Algarve

1245–1247 Bürgerkrieg zwischen Sancho II. und seinem Bruder Afonso

1248–1279 Dom Afonso III.
1249 Eroberung des Algarve. Abschluss der Reconquista für Portugal

1279–1325 Dom Dinis (*o Lavrador*)
1288 Gründung der Universität Lissabon-Coimbra
1317 Gründung des Christus-Ordens

1325–1357 Dom Afonso IV. (*o Bravo*)
1334–1335 Expedition zu den Kanarischen Inseln
1335–1338 Krieg gegen Kastilien
1348–1349 Pest
1355 Ermordung der Inês de Castro

1357–1367 Dom Pedro I. (*o Justiceiro*)

1367–1383 Dom Fernando I.
1369–1373, 1381–1382 Kriege gegen Kastilien

1373	Allianz mit England
1383	Heirat der Tochter Dom Fernandos I., Beatriz, mit Juan I. von Kastilien. Tod Dom Fernandos
1383–1385	Bürgerkrieg. Einfall Kastiliens in Portugal. Belagerung Lissabons. Entscheidender Sieg der Portugiesen bei Aljubarrota 1385

Die Staatsgründung, Dom Afonso Henriques und die Reconquista

Noch vor Ende des achten Jahrhunderts verlief die Grenze zwischen den christlichen Königreichen des Nordens und dem islamisch beherrschten Teil Spaniens schon wieder auf einer Linie, die zunächst dem Douro (Duero) folgte und im weiteren über Zamora in westlicher, dann nordwestlicher Richtung verlief, oberhalb Tudelas (Navarra) den Ebro überschritt, südlich von Pamplona blieb und sich dann in einem leichten Bogen als vorläufige Südgrenze des späteren Aragón und Katalonien zwischen dem Pyrenäenkamm und dem Ebro nach Südosten wandte und zwischen Barcelona und Tarragona das Mittelmeer erreichte. Freilich waren die Machtverhältnisse, auch innerhalb des christlichen Gebiets, zunächst sehr wechselhaft und unsicher.

Schon gegen Ende des neunten Jahrhunderts erscheinen auch Hinweise auf eine Grafschaft Portucale, deren Hauptort an der Douro-Mündung lag und die Gebiete sowohl südlich wie nördlich des Douro umfasste. Lehensherr der Grafen von Portucale war der König von León. Südlich von Portucale bildet sich eine weitere Grafschaft mit dem

Hauptort Coimbra, wo ein Rekonvertit namens Sesnando († 1091) durch Verbindung mit den Grafen von Portucale eine weitere lokale Dynastie zu begründen versuchte. Unter Alfonso VI. (1072–1109), König von León und Kastilien, der verwandtschaftlich mit Hugo, dem großen Abt von Cluny, verbunden war, kommen französische Ritter ins Land, unter ihnen zwei Verwandte Hugos: Raimund, Sohn des Grafen von Burgund, der Alfonsos Tochter Urraca, die spätere Thronerbin, heiratet und die Herrschaft über Galizien erhält, und Heinrich, der Teresa, eine nichteheliche Tochter Alfonsos, heiratet und als Dom Henrique Graf von Portucale (1097) wird. Wenn Alfonso gehofft hatte, damit Rebellionen und von lokalen Dynastien getragenen Abspaltungsbestrebungen einen Riegel vorzuschieben, war dies ein Irrtum. Henriques Sohn Afonso Henriques wappnet sich mit 14 Jahren – sicher unter dem Einfluss der Barone von Portucale und gegen die Regentin, seine Mutter – selbst zum Ritter. 1128 kommt es zur bewaffneten Auseinandersetzung mit den Parteigängern seiner Mutter in der Schlacht auf dem Feld von S. Mamede bei Guimarães. Teresa unterliegt und geht ins Exil.

Dom Afonso Henriques (1110–1185), der erste König von Portugal und erste König der burgundischen Dynastie, betreibt bald systematisch eine Politik der Abtrennung von León, und zwar auf zwei Ebenen: militärisch und kirchlich. Militärisch führte Afonso Henriques den Kampf gegen den König von León, Alfonso VII. (seit 1135 »Kaiser ganz Spaniens«), der bei einer Zusammenkunft mit Afonso Henriques und einem päpstlichen Legaten 1143 in Zamora die Unabhängigkeit Portugals faktisch zugestehen muss. Afonso Henriques, der sich seit 1140 als »König« von Portugal bezeichnet, sichert diese Unabhängigkeit weiter ab, indem er sich dem Heiligen Stuhl unterstellt und dem Papst den Vasalleneid leistet und Tribut zahlt. Wer wollte nun noch wagen, ihn anzugreifen? Die Kämpfe gegen die Mauren führt er selbständig oder mit Hilfe von Kreuzfahrern und schiebt im Laufe seiner Regierungszeit die Grenze bis an den Tejo vor. Gefördert wurden diese Bestrebungen durch eine Stärkung der portugiesischen Kirche durch Schenkungen und Gründungen (z.B. des Klosters Santa Cruz in Coimbra) und Unterstellung aller portugiesischen Bistümer unter das Bistum Braga, das schließlich aus der Oberhoheit Toledos entlassen wird. Damit war auch die Kirche Portugals nicht mehr mit León und Kastilien liiert.

Dom Afonso Henriques gilt zu Recht als Begründer des portugiesischen Staates, der freilich noch jahrhundertelang die Macht Kastiliens, später Spaniens, als Bedrohung seiner Unabhängigkeit empfinden und erfahren wird; die Gefährdung ist nicht nur militärisch, auch allzu enge Verbindungen der jeweiligen Dynastien mit dem spanischen Adel werden von Bürgertum und Volk, die gerade in der Abgrenzung zu Kastilien in viel stärkerem Maße als der eher ›internationale‹ Adel Träger eines nationalen Bewusstseins werden, immer mit Misstrauen verfolgt. Im Rahmen einer feudalistischen Sozialstruktur und Ständeordnung nach dem Muster des übrigen Europa zeichnete sich seit den Anfängen – und dies vielleicht intensiver als in anderen Ländern – eine tendenzielle politische Allianz zwischen König und Volk gegen den Adel ab.

Die Reconquista lag im wesentlichen in der Hand des Königs, wobei allerdings im Alentejo und im Algarve auch die Ritterorden erheblichen Anteil an ihr hatten. Noch zur Zeit der zum Mythos gewordenen Schlacht von Ourique (1139), bei der eine kleine portugiesische Truppe (vermutlich auf einem Raubzug im Baixo Alentejo) ein zahlenmäßig weit überlegenes Maurenheer besiegte, wobei Afonso Henriques Jesus Christus erschienen sein soll, verlief die Grenze des ›Königreichs‹ etwas südlich von Coimbra, über die Serra de Lousã und hinab in die Ebenen der Beira Baixa. Ein entscheidender Schritt war dann ihre Verschiebung an den Tejo (1147). Innere Konflikte der islamischen Kleinstaaten erleichterten die Reconquista. Wo die Portugiesen allein vorgingen, handelte es sich in der Regel um Überraschungsangriffe kleinerer Trupps, so etwa die zur historischen Legende gewordene Eroberung und Besetzung Santaréms in einem nächtlichen Überraschungsangriff unter Führung Afonso Henriques' selbst 1147. Umfangreichere Belagerungen wurden mit Hilfe von Kreuzfahrerheeren durchgeführt (z. B. Einnahme Lissabons 1147). 1189 eroberte man Silves (Algarve), das freilich im Zuge einer maurischen Gegenoffensive 1190–1191, die die Grenze wieder bis fast an den Tejo vorschob, zunächst erneut verlorenging. Unter Dom Afonso II. wurde 1217 Alcácer do Sal, damals Hafen und wichtiger maurischer Militärstützpunkt, erobert. Ab 1226 richten sich die kriegerischen Unternehmungen erneut gegen den Algarve und den maurischen Alentejo. Mit der Reconquista verbanden sich Probleme wie Besiedlung und Kultivierung von Ödland, Aufteilung bereits bevölkerter Gebiete, bei der es zu Unstimmigkeiten zwischen König, Adel und Militärorden kommen konnte, sowie die Behandlung der ansässigen islamischen Bevölkerung. Abgeschlossen wurde die Reconquista mit der Eroberung des gesamten Gebiets des Algarve 1249.

Eine bemerkenswerte technische wie auch ästhetische Höhe erreichte seit Beginn der Reconquista die sich längs der vorrückenden Grenze entwickelnde Militärarchitektur. Ab dem 13. Jahrhundert werden Burgen dann vor allem zur Kontrolle von Straßen und weiteren Verkehrswegen, aber auch im Hinblick auf eventuell mögliche Konflikte mit dem kastilischen Nachbarn, errichtet; geradezu Programmcharakter erreicht diese Bau-, aber auch Restaurierungstätigkeit unter Dom Dinis.

Strukturen und kulturelle Ausdrucksformen des mittelalterlichen Portugal

Das mittelalterliche Portugal ähnelt in seiner feudalistischen Sozialstruktur und Ständeordnung (Klerus, Adel, Bürgertum und freie Bauern, Leibeigene, Sklaven, meist gefangene Mauren) dem übrigen mittelalterlichen Europa. Auf politischem Gebiet bestimmte eine Reihe in der Regel fähiger Könige die Politik des Landes, wobei die Monarchie gegen den Adel früh zu Zentralismus und autokratischem politischen Stil neigte und diesen in der Regel auch durchsetzte; Rebellionen dauerten nur kurz.

Die Wirtschaftsstruktur des Landes war agrarisch geprägt. Überseehandel (unter anderem Export von Agrarprodukten) existiert seit dem 12. Jahrhundert. Im 13. und 14. Jahrhundert weitet sich, wie im übrigen Europa, mit dem Geldwesen der Binnen- und Außenhandel aus und es intensiviert sich die Verbindung von Handel und Landwirtschaft; allerdings zeichnen sich auch erste – später chronisch werdende – Fehlentwicklungen ab (Anwachsen des Anbaus von Exportprodukten auf Kosten der Inlandsversorgung mit Getreide, defizitäre Handelsbilanzen). Die sozialen Klassen differenzieren sich weiter und entwickeln sich auseinander. Mit dem Übergang zu Geldwirtschaft und Lohnarbeit tritt Inflation mit Arbeitsverweigerung bzw. Arbeitskräftemangel auf, gegen die der König mit Gesetzen gegen Müßiggang vorzugehen versucht. Andererseits wächst der wirtschaftliche Druck auf kleinere Grundbesitzer und Adelige, die von langfristig festgelegten Abgaben von Naturalien leben; eigene Arbeit war dem Adel nur unter erheblichen Einschränkungen erlaubt.

Die arabische Kultur blieb im Herrschaftsbereich der portugiesischen Könige durch die *moçárabes* oder durch die aufgrund königlicher Schutzbriefe verbliebene islamische Bevölkerung, die *mudéjares*, bis ins 15. Jahrhundert vertreten. Christliche Kultur entwickelte sich als religiöse Kultur zunächst in den Klöstern, vor allem Alcobaça und Santa Cruz in Coimbra, und den Bischofsschulen.

Nach den spärlichen Resten westgotischer Architektur, die in Portugal erhalten geblieben sind, ist die Romanik die erste bedeutende Manifestation eines architekturalen Stils in Portugal, der sogar, obwohl im wesentlichen aus Frankreich importiert, doch auch Ausdruck eines nationalen Eigenständigkeitsbewusstseins zu sein schien, vollzog sich doch der Einfluss nicht durch Kastilien, sondern durch französische Ritter, Mönche und Bauleute, die aus Cluny, Moissac und dem südwestfranzösischen Raum in Zusammenhang mit den cluniazensischen Verbindungen des ›Staatsgründers‹ Dom Afonso Henriques nach Portugal gekommen waren. Die Romanik ist die eigentliche Architektur der Reconquista und breitete sich von Norden nach Süden aus, wobei im Norden auch Santiago de Compostela vorbildgebend wirkte. Als die Reconquista den Süden erreicht hatte (1249), hatte sich bereits die Gotik durchgesetzt. Beispielhaft für den Übergangsstil (12. – 13. Jahrhundert) ist bezeichnenderweise die romanisch-gotische Kathedrale von Évora.

Die bedeutendsten Manifestationen der Romanik in Portugal sind die Kathedralen Nordportugals (Braga, Porto, Lamego, Coimbra), dann die von Lissabon. Sie stehen in der Regel auf erhöhten Punkten und zeigen festungsartigen Charakter. Neben den Kathedralen sind zahlreiche ländliche Kirchen der Täler von Douro und Minho Zeugnisse der Ausbreitung der Romanik und der Gründungswelle der Cluniazenser.

Als ›Missionare der Gotik‹ fungieren in Portugal – wie auch anderswo – die Zisterzienser, die sich seit 1144 etablieren. 1153 gründet Afonso Henriques das Kloster Alcobaça. Seine Kirche (1195–1253) ist ein erstes überwältigendes, ihre Vorbilder Clairvaux und Pontigny zumindest an Größe übertreffendes Monument des neuen Stils in Portugal und ein Höhepunkt der gotischen Architektur überhaupt. Die Fassade wurde im Barock überbaut, doch das Innere zeigt noch immer in seiner dreischiffigen Anlage die nüchterne Majestät der Zisterzienserarchitektur. Zweihundert Jahre nach Alcobaça wird das Kloster von Batalha als zweiter Höhepunkt der portugiesischen Gotik an einen entscheidenden Moment der portugiesischen Geschichte erinnern und das erste bedeutende Monument der Avis-Dynastie darstellen.

Eine der bedeutendsten Königsgestalten des Mittelalters war der vor allem durch sein kulturelles Engagement, aber auch seine wirtschaftlichen Maßnahmen hervortretende und in gewisser Weise zur Legende gewordene König Dom Dinis mit dem Beinamen *o Lavrador*, »der Bauer« (1279–1325). Als nicht mehr ausschließlich theologisch orientierte Bildungsstätte begründete er, nach vorbereitenden Schritten des Klerus beim Papst, 1290 das als erste portugiesische Universität zu bezeichnende *Estudo Geral* in Lissabon. Die (im europäischen Maßstab gesehen geringe) Verspätung dieser Gründung gegenüber Gründungen wie Paris (1215), Salamanca (1218, 1230) oder Toulouse (1229) geht sicher nicht auf kulturelle Rückständigkeit zurück – die Vermeidung der großen Kosten, die das Studium im Ausland verursachte, war eines der Hauptargumente der Befürworter einer portugiesischen Universität –, es beweist, dass Bildungsinteresse bestand; vielmehr dürfte das Prestige der Klosterschulen von Alcobaça und Santa Cruz, vielleicht auch das der zahlreichen Synagogenschulen, verzögernd gewirkt haben. Noch im Mittelalter wurde die Universität dann mehrfach zwischen Lissabon und Coimbra hin- und herverlegt.

Die Literatur war, soweit sie außerhalb der Klöster existierte, noch im 13. Jahrhundert weitgehend von Mündlichkeit und musikalischem Vortrag geprägte Dichtung und existierte in Form von Liedern, so den volkssprachlichen *cantigas de amigo* (eine Frau spricht zu ihrem Geliebten oder beklagt seine Abwesenheit), zu denen in der zweiten Hälfte des Jahrhunderts die nach französischem Vorbild konzipierte höfische Liebesdichtung der *cantigas de amor* trat. Daneben gab es ein reiches Repertoire von Spott- und Schmähliedern (*cantigas de escárnio e maldizer*). Bald nach dem Tod Dom Dinis', der selbst ein namhafter Dichter gewesen war, fand diese Dichtung, deren Sprache, das Galaico-Português, zur Sprache der Lyrik auf der gesamten iberischen Halbinsel geworden war, zunächst ein Ende. Als neue literarische Gattung, die vor allem ab dem 14. Jahrhundert blüht, dringen aus Frankreich die Ritterromane um den sagenhaften König Artus und seine Tafelrunde ein. Sie bleiben lange die beliebte Lektüre vor allem des Adels, aber wohl auch des Bürgertums. Wie sie durch die in ihnen propagierten Verhaltensmuster die Mentalität ihrer Leser geprägt haben mag, wird an historischen Persönlichkeiten wie dem frommen Ritter Nuno Álvares Pereira erahnbar, der den Karmeliterorden förderte, ihm im Alter auch beitrat und ein heiligmäßiges Leben gewissermaßen nach dem Vorbild des Sir Galahad führte.

Eine typisch iberische Literaturgattung sind die zur gleichen Zeit erscheinenden *livros de linhagem* (»Geschlechterbücher«), Genealogien von Adelsfamilien unter Einbeziehung von Legenden und Exempeln, denen bald, gewissermaßen als Ausweitung, die Chroniken folgten – als erste die große in portugiesischer Sprache verfasste *Crónica Geral de Espanha* (1344) des Grafen von Barcelos Dom Pedro Afonso.

Von Dom Dinis bis zum Ende der burgundischen Dynastie und dem Erscheinen der Dynastie von Avis

Dom Dinis (1279–1325) konnte die Früchte der Eroberungs- und Stabilisierungspolitik seiner Vorgänger, vor allem Dom Afonsos III. (1248–1279), ernten. Er führte die Besiedelungs- und Entwicklungspolitik seiner Vorgänger fort – der Legende nach soll er unter anderem einen Pinienwald an der Küste bei Leiria zur Bereitstellung von Schiffsmasten angelegt haben, was an den von ihm betriebenen planmäßigen und intensivierten Ausbau einer Flotte und die Förderung des Seewesens erinnert. Politisch bemühte er sich um stabile Grenzen zu Kastilien, entspannte das gerade schwierige Verhältnis zum Papst, nationalisierte die Militärorden und schützte die Mitglieder des 1307 liquidierten Templerordens durch ihre stillschweigende Überführung in den neugegründeten Christus-Orden (Sitz in Tomar), dem auch das Vermögen der Templer übereignet wurde, welches somit in Portugal und letztlich zur Verfügung des Königs verblieb. Vor allem aber lebt er als Förderer von Kunst und Dichtung, als Gründer von Klöstern und Schulen und vor allem des *Estudo Geral* als Inbegriff eines guten Königs in der historischen Erinnerung fort, ein Bild, das durch die Vorkommnisse, die seine letzten Jahre überschatteten, vor allem den Konflikt mit seinem Sohn, dem späteren Dom Afonso IV, und das Zerwürfnis mit seiner Gemahlin, Isabel der Heiligen, nur unwesentlich getrübt wird.

Unter Dom Dinis' Nachfolger, Dom Afonso IV. (1325–1357), vollzog sich auch jenes blutige Geschehen um Inês de Castro – die vom König angeordnete oder zumindest gebilligte Ermordung bzw. Hinrichtung der Mätresse des Thronfolgers Pedro aus dynastischen Erwägungen –, das, obwohl nur ein Randereignis der Geschichte, auf Grund seiner Dramatik und seines tragischen Verlaufs in der Erinnerung des portugiesischen Volkes und als literarisches Motiv (z.B. Camões, *Lusíadas* III, Str. 118–135) auch über Portugal hinaus lebendig blieb.

Dass Pedro I. (1357–1367), der neue König, offenbar ein Psychopath war, was sich in Depressionen, Wutausbrüchen und einem oft unverständlichen Stottern äußerte, tat seiner Beliebtheit beim Volk keinen Abbruch, zumal er sich mit geradezu manischem Eifer der Rechtspflege widmete und häufig mit eigener Hand die Strafe vollstreckte. Auch liebte er es, sich mit dem einfachen Volk zu vergnügen. Wenn er des Nachts keinen Schlaf fand, weckte er die Dienerschaft des Palastes, rief Musikanten und zog mit ihnen bei Fackelschein tanzend und singend durch die Straßen; bald folgten hunderte lärmend dem Zug, der oft erst beim Morgengrauen heimkehrte. Der Chronist Fernão Lopes schreibt in seiner *Crónica de Dom Pedro*, dass es »solche zehn Jahre nie in Portugal gegeben hatte wie jene, da König Pedro I. regierte«. Als Dom Pedro starb, hinterließ er erstaunlicherweise einen geordneten Staat und volle Kassen.

Sein Nachfolger Dom Fernando (1367–1383) sollte der letzte König der burgundischen Dynastie auf dem Thron Portugals sein. Seine militärischen Unternehmungen verliefen glücklos. Im Innern griff Gesetzlosigkeit um sich, zumal der König auch bald unter den Einfluss der schönen und skrupellosen Leonor Teles geriet. In der Außenpolitik verfiel er dem Einfluss des Grafen Andeiro, der später auch noch der Liebhaber der zur Königin avancierten Leonor

(1372) wurde. All dies trug, nach der Darstellung des Fernão Lopes, zur Entfremdung zwischen König und Volk bei. Mit Fernandos Tod endet die burgundische Dynastie, die seit Dom Afonso Henriques 250 Jahre lang das Geschick Portugals bestimmt, das Land eigentlich geschaffen, aus der Abhängigkeit von León und Kastilien gelöst und mit einer eigenen staatlichen Struktur versehen hatte.

Die mit dem Ende der ersten Dynastie verbundene Umwälzung (1383–1385) zeigt gleichzeitig, wie stark das Bewusstsein der Eigenständigkeit in Portugal inzwischen geworden war. Das Interesse, das diese ›Revolution‹ in der späteren Geschichtsschreibung erregte, ist hauptsächlich auf ihre Darstellung in Fernão Lopes' (ca. 1380 – ca. 1460) *Crónica do Rei Dom João I de boa memória* zurückzuführen, die vor allem in ihrer starken Betonung der nationalen und sozialen Komponente bzw. der Teilnahme des einfachen Volkes am Geschehen erstaunlich modern anmutet. Angesichts einer dynastischen Konstellation, die durch die Verheiratung der noch minderjährigen Tochter Dom Fernandos mit dem König von Kastilien wieder einmal die Unabhängigkeit Portugals gefährdete, brach eine von den Patriziern Lissabons initiierte und vom Volk spontan unterstützte Bewegung los, die die Regentin Leonora Teles und ihren Grafen sowie die Sympathisanten der ›spanischen Partei‹ im ganzen Land ausschaltete. Dom João, unehelicher Sohn Dom Pedros und Großmeister des Militärordens von Avis, stellte – obwohl nach dem Urteil vieler Historiker eine eher mittelmäßige Persönlichkeit – zusammen mit seinem sehr effizienten bürgerlichen Beraterstab offenbar einen idealen Kristallisationspunkt von Wünschen des Volkes sowie politischen Interessen und Notwendigkeiten dar. 1384 schloss ein kastilisches Heer Lissabon ein, musste aber aufgrund einer Epidemie wieder abziehen. Im Mai 1385 wählten die Cortes, die Ständeversammlung, Dom João zum König. Im August desselben Jahres schlug Dom Joãos Heerführer, der *condestabre* Nuno Álvares Pereira, mit einer bedeutend schwächeren Heeresmacht bei Aljubarrota ein spanisches Heer, dem sich zahlreiche portugiesische Adelige angeschlossen hatten. Dieser Sieg sicherte endgültig die Herrschaft Dom Joãos und fixierte im Bewusstsein der Nation wohl definitiv deren Eigenständigkeit.

Die Dynastie Avis und das portugiesische Zeitalter der Entdeckungen

Epochenüberblick

Das Ausgreifen Portugals auf außereuropäische Räume, mithin das Zeitalter der Entdeckungen, beginnt, will man die Eroberung Ceutas als Ausgangspunkt setzen (1415), dreißig Jahre nach der Etablierung der neuen Dynastie in Gestalt Dom Jãos I. (1385). Dem König war es gelungen, seine Position nicht nur zu konsolidieren, sondern zunehmend die Macht – unter Einbeziehung des Adels – in der Monarchie zu konzentrieren, durch vier Söhne die Nachfolge sicherzustellen und gleichzeitig in ihnen tatkräftige Mitarbeiter zu finden, von denen auch die wesentlichen Anstöße zur Übersee-Expansion ausgingen. Die Gründe für ein Ausgreifen zunächst nach Nordafrika, dann aber auch weiter, waren so gelagert, dass sie für jede der politisch Einfluss nehmenden sozialen Gruppen des Staates jeweils von Interesse sein konnten: Landgewinn (Adel), Mission bzw. Rückdämmung des Islam (Kirche, Klerus), Ausweitung des Handels (Bürgertum) und als offensichtlich vorteilhaft die Umgehung des durch das Vordringen der Türken und Mameluken blockierten Gewürzhandels der Venezianer.

Erstes Ziel des Ausgreifens Portugals war Nordafrika, das sich freilich in der Folge als schwieriges und kommerziell wie landwirtschaftlich kaum nutzbares Territorium erwies und als erstes wieder aufgegeben werden musste. Erfolgreicher war die systematisch vorangetriebene Erforschung der afrikanischen Westküste, die zur Entdeckung der Südspitze Afrikas führte und den Seeweg nach Indien öffnete, das Vasco da Gama 1498 erreichte. Der Widerstand der islamischen Kaufmannschaft, die ihre Monopolstellung im Indischen Ozean bedroht sah, und der einheimischer Potentaten, aber auch das portugiesische Bewusstsein der eigenen navigatorischen und militärischen Überlegenheit führten im Rahmen ausgedehnter kriegerischer Unternehmungen zur Errichtung des »östlichen Reiches« Portugals, gegründet auf einen Festungsgürtel um den Indischen Ozean und mit der Hauptstadt Goa, wo seit 1510 portugiesische Vizekönige residierten. Ein weiteres Ausgreifen auf den Raum »östlich von Goa« dehnte den portugiesischen Machtbereich bis zum heutigen Malaysia aus (Festung Malakka). Noch weiter östlich relativiert und verliert sich die portugiesische Macht in der Begegnung mit Mächten wie China und Japan.

Rückschläge blieben nicht aus, so die Aufgabe fester Plätze in Nordafrika zwischen 1540 und 1550. Erfolgreich war Portugal hingegen in der zunächst etwas vernachlässigten Kolonie Brasilien, das auch von dem im ersten Viertel des 17. Jahrhunderts rasch voranschreitenden Verfall der portugiesischen Macht nur wenig betroffen war; Versuche von Holländern und Franzosen, sich dort festzusetzen, blieben letztlich, nicht zuletzt durch den Widerstand der dort ansässigen Portugiesen, erfolglos.

Gründe des Niedergangs des portugiesischen östlichen Reichs waren wohl schon bei seiner Errichtung gegeben: die trotz der Monopolisierung des Handels durch die Krone bestehende Unmöglichkeit, mit damaligen Mitteln die Rentabilität eines Unternehmens dieser Größenordnung abzuschätzen; die für einen kleinen Staat allzu begrenzten demographischen und militärischen Möglichkeiten, die eroberten Positionen zu halten; der Verlust von Entwicklungsvorsprüngen, die im Augenblick des Aufbaus des Reiches bestanden hatten; die angesichts der Entfernungen zum Mutterland gegebene Schwierigkeit, diese Besitzungen und ihre Valorisierung administrativ zu kontrollieren (Korruption!), sofern der Wille dazu seitens des Königs, besonders unter Manuel I., überhaupt bestanden hatte.

1385–1433	Dom João I. (vordem Großmeister des Ordens von Avis)
1415	Eroberung Ceutas (Marokko)
1419–1420	Expedition nach Madeira
1427	Entdeckung der Azoren
1433–1438	Dom Duarte
1434	Umschiffung des Kap Bojador (Westküste Afrikas)
1437	Gescheiterter Versuch der Eroberung Tangers
1439–1448	Regentschaft Dom Pedros, Bruder Dom Duartes
1448/49–1481	Dom Afonso V. (*o Africano*)
1449	Tod Dom Pedros im Gefecht von Alfarrobeira
1456–1462	Entdeckung der Kapverdischen Inseln
1458	Eroberung von Alcácer-Ceguer (Marokko)
1460	Tod Heinrichs des Seefahrers
1471	Eroberung Arzilas und Tangers. Portugiesische Schiffe erreichen Mina im Golf von Guinea.
1472	Entdeckung der Insel São Tomé
1475–1479	Krieg gegen Kastilien. 1476 Niederlage bei Toro
1481–1495	Dom João II. (*o Príncipe Perfeito*)
1482	Portugiesische Schiffe auf dem Kongo
1488	Umschiffung des Kaps der Guten Hoffnung durch Bartolomeu Dias

1492–1495	Pêro de Barcelos / João Fernandes Lavrador in Neufundland
1494	Vertrag von Tordesillas
1495–1521	Dom Manuel I.
1497	Vertreibung der Juden
1498	Vasco da Gama erreicht Indien.
1500	Offizielle Entdeckung Brasiliens durch Pedro Álvares Cabral
1507	Vizekönige in Indien
1509–1515	Afonso de Albuquerque Vizekönig in Indien
1510	Eroberung Goas durch Afonso de Albuquerque, Goa Hauptstadt des »östlichen Reichs«
1511	Eroberung Malakkas
1513	Portugiesen in China
1519–1522	Weltumseglung durch Fernão de Magalhães und Juan Sebastián de Elcano
1521–1557	Dom João III.
1530–1535	Aufteilung Brasiliens in *capitanias*
1536	Etablierung der Inquisition in Portugal
1540	Etablierung der Jesuiten in Portugal
1542	Erste Kontakte mit Japan
1548	Ernennung eines Generalgouverneurs für Brasilien (Tomé de Sousa)
1557	Regentschaften aufgrund der Minderjährigkeit des Thronfolgers Dom Sebastião. Etablierung der Portugiesen in Macau
1559	Gründung der Universität zu Évora
1568–1578	Dom Sebastião I.
1572	Veröffentlichung der *Lusiaden* des Luís de Camões
1578	Feldzug gegen Marokko. Niederlage und Tod Dom Sebastiãos in Alcácer Quibir. Kardinal Dom Henrique wird König.

1580	Tod des Kardinals Dom Henrique. Ausrufung Dom Antónios, des Priors von Crato, zum König. Einfall der Spanier. Philipp II. vereinigt Portugal mit Spanien in Personalunion.

Dom João I. (1385–1433), der Begründer der Dynastie Avis, ist eine der zentralen Gestalten der portugiesischen Geschichte. Aus seiner Ehe mit Philippa von Lancaster gingen sechs Söhne hervor, die alle, bis auf einen, João, bedeutsam wurden (»Ínclita geração, altos infantes«, Camões, *Os Lusíadas* IV, Str. 50): Dom Duarte (König 1433–1438), Dom Pedro (Regent 1438–1446), Dom Henrique (Heinrich der Seefahrer), Dom Fernando, *o infante santo* (†1443 in maurischer Gefangenschaft).

Durch einen unehelichen Sohn, den er vor seiner Ehe mit Philippa von Lancaster hatte, Afonso, Herzog von Bragança, ist er gleichzeitig der Begründer des Hauses Bragança, das nach der Dynastie Avis in Portugal regieren wird. So steht er in gewisser Weise im Zentrum der drei Dynastien, die in Portugal vom 12. bis zum 20. Jahrhundert regierten.

Die Herrschaft der Dynastie Avis deckt sich mit dem Zeitalter der Entdeckungen, die sie weitgehend initiierte, organisierte und förderte. Die Entdeckungen Portugals im 15. und 16. Jahrhundert und der Aufbau eines überseeischen Kolonialreiches sind der Faktor, der die portugiesische Geschichte bis in unsere Tage entscheidend prägte, die Interessen des Landes orientierte und der – auch im Selbstverständnis der historisch denkenden Portugiesen – Portugal seine spezifische Stellung und Physiognomie im Kreis der europäischen Nationen gab.

Entdeckungen 1415–1498

Das Zeitalter der Entdeckungen wird in der Regel in zwei Etappen aufgeteilt: eine »Vorbereitungsphase« von der Eroberung Ceutas in Nordafrika (1415) bis zur Indienfahrt Vasco da Gamas (1498) sowie die Phase des »östlichen Reiches«, des Höhepunktes der portugiesischen Macht und ihres Niedergangs, eine Phase, die mit der Einverleibung Portugals in das Reich Philipps II. 1580 ihr Ende findet.

Die wesentlichen organisatorischen Anstöße zur Übersee-Expansion gingen von João I., Dom Duarte, Fernando (der in maurischer Gefangenschaft starb) und vor allem von Heinrich »dem Seefahrer« aus, der in Sagres eine Art »Kommandozentrale«, Schule und Archiv errichtet haben soll – möglicherweise eine historische Legende – und der vor allem die Erforschung der afrikanischen Küste mit großer Konsequenz vorantrieb. Der erste Schritt zur überseeischen Ausdehnung war die schon im 14. Jahrhundert erfolgte Entdeckung der Kanarischen Inseln, die Portugal freilich gegenüber Kastilien nicht zu halten vermochte, und Madeiras. Die Besiedelung, auch der 1427 entdeckten Azoren, vollzog sich in der ersten Hälfte des 15. Jahrhunderts. Ceuta, Endpunkt einer Karawanenstraße aus Guinea durch die Sahara, das die Meerenge von Gibraltar beherrschte, war Einschiffungshafen des maurischen Nachschubs nach Spanien und Schlupfwinkel berberischer Korsaren. Es wurde 1415 nach kurzem Kampf genommen. Unter Dom Duarte (1433–1438) scheitert eine von vornherein durch die Gegnerschaft Pedros umstrittene Expedition zur Eroberung Tangers; der in Gefangenschaft geratene Fernando wird nicht ausgelöst (der Preis wäre Ceuta gewesen, dessen Herausgabe die Cortes verweigerten) und stirbt unter schlimmen Bedingungen als »Märtyrer« in maurischer Gefangenschaft. Tanger fällt erst 1471. Die Eroberungspolitik in Nordafrika wurde auch danach weitergeführt. Freilich musste der Versuch Portugals, sich in Nordafrika festzusetzen, bereits in der ersten Hälfte des 16. Jahrhunderts als fehlgeschlagen gelten (Aufgabe der festen Plätze Safim und Azamor 1541, Alcácer-Ceguer 1549, Arzila 1550). Die festen Plätze litten unter ständigen Angriffen der Mauren, die Menschenverluste waren erheblich. Als Handelsplätze waren die portugiesischen Festungen, selbst wenn sie am Ende von Karawanenstraßen lagen, von den Mauren aufgegeben worden. Landwirtschaftlicher Nutzung waren angesichts der Unsicherheit außerhalb der Festungsmauern enge Grenzen gesetzt. Nichtsdestoweniger blieb die Idee einer militärischen Expansion in Nordafrika eine Konstante der portugiesischen Politik bis Ende des 16. Jahrhunderts. Ironischer- oder bezeichnenderweise wird auch das Schlusskapitel der Dynastie Avis (Schlacht von Alcácer-Quibir, Tod Dom Sebastiãos 1578) in Nordafrika geschrieben.

Erfolgreicher war die Erschließung der afrikanischen Westküste. Noch unter Dom Duarte hatte Gil Eanes das gefürchtete und geheimnisumwitterte Kap Bojador, hinter dem nach dem Glauben der Zeit das »Mar Tenebroso« beginnen sollte, aus dem keine Wiederkehr möglich sei, ohne nennenswerte Probleme umrundet. Unter Afonso V., dem »Afrikaner« (1438/48–1481), der sich, wohl unter dem Einfluss Heinrichs des Seefahrers, nach seiner Regierungsübernahme 1448 wieder einigermaßen erfolgreich Nordafrika zuwendet und sich »König von Portugal und der Algarve diesseits und jenseits des Meeres in Afrika« nennt, werden die Kapverdischen Inseln und Guinea erreicht. Unter João II. (1481–1495) wird zur Sicherung und Koordination des Guinea-Handels (Sklaven, Elfenbein) das Fort S. Jorge da Mina errichtet, die Flotte ausgebaut und ein wissenschaftlicher Beraterstab (unter anderem Martin Behaim) berufen. 1483 stößt Diogo Cão bis zum Süden Angolas vor und glaubt, das Südende Afrikas und damit den Seeweg nach Indien erreicht zu haben. Auf einer zweiten Fahrt segelt er den Kongo aufwärts, nimmt Kontakte mit dem Königreich Zaire auf, hinterlässt heute noch sichtbare Inschriften auf dem Felsen von Jelala, stößt noch weiter nach Süden vor als auf der ersten Fahrt, findet aber nicht das Südende Afrikas (1486). 1488 passiert Bartolomeu Dias, ohne es zunächst zu bemerken, die Südspitze Afrikas und entdeckt auf der Rückfahrt das »Kap der Stürme« (»Kap der Guten Hoffnung«). Damit war die Südost-Passage gefunden. Die zweite Phase der Expansion, die Ausweitung auf den Indischen Ozean und die Erschließung des Raums östlich von Indien, beginnt mit der Fahrt Vasco da Gamas (1497–1499).

Die innenpolitische Situation Portugals

Die Innenpolitik Portugals steht in enger Verbindung zur völligen Veränderung des weltpolitischen Standorts der immer noch demographisch schwachen, in europäischer Randlage situierten Nation. Die innenpolitisch bestimmende Tendenz der Entdeckerzeit, die Konzentration der Macht in der Hand des Monarchen und seine zunehmende

Identifizierung mit dem Staat, ist ansatzweise schon für das portugiesische Mittelalter kennzeichnend. Unter João I. (1385–1433) erscheint sie in zentralistischen Tendenzen, der starken Stellung der juristisch gebildeten königlichen Bürokratie, aber auch in der Tendenz des Königshauses, sich – wie übrigens auch der Adel und die Ordensmeister – ausgiebig kommerziell zu engagieren. Die oft als revolutionär bewertete Maßnahme der Auswechselung eines Gutteils des alten Adels wegen dessen kastilischer Sympathien durch João I. bestand zum Teil lediglich in der Verschiebung der Rechte auf andere Mitglieder der jeweiligen Familien, zum Teil auch auf die Söhne der Betroffenen.

Eine möglichst autokratische Monarchie war auch das Konzept Dom Duartes (1433–1438); er erließ die *Lei Mental,* die die im Herrenfall erneuerte Bestätigung des von João I. verliehenen Besitzes und der Titel durch den jeweils neuen König forderte. Dom Duarte konnte sich freilich praktisch in entscheidenden Momenten nicht durchsetzen: Wie sein Bruder Pedro lehnte er den von Heinrich geforderten Feldzug gegen Tanger ab, der dennoch stattfand. Später verweigerten ihm die in der Mehrheit aus Adel und Klerus bestehenden Cortes die Herausgabe Ceutas, die für die Freilassung des in Gefangenschaft geratenen Prinzen Fernando gefordert war. Dom Pedro, nach dem Tod Dom Duartes Regent für den noch unmündigen Afonso V., war der letzte bedeutende Verfechter einer vor allem die innere Entwicklung des Landes erstrebenden und gegen überseeische Unternehmen ausgerichteten Politik; so in seinen Bemühungen um die unter Dom Duarte begonnenen und später unter Afonso V. verkündeten *Ordenações Afonsinas.* Dies und sein Populismus brachten ihn seit den Auseinandersetzungen um die Regentschaft mit der kastilischen Königinmutter Dona Leonor in Gegensatz zum Adel – vor allem zum mächtigen Haus Barcelos, später Bragança – und bedingte nach der Großjährigkeitserklärung Afonsos V. 1446 seine Entfernung vom Hof und schließlich seinen gewaltsamen Tod im Gefecht von Alfarrobeira 1449.

Obwohl Afonso V. (1438–1481) stark dem Adel zuneigte, zeigen Maßnahmen wie die 1456 für den unter Dom Dinis als nationalen Ritterorden etablierten Christusorden erwirkte geistliche Souveränität über das Gebiet von Bojador bis Indien die Fortführung der autokratischen Tendenz, zumal Heinrich der Seefahrer seit 1420 Großmeister dieses Ordens war. Unter Afonso V. zeichnet sich eine vorerst für die portugiesische Geschichte auch in Zukunft kennzeichnende Konstellation ab: Das Erstarken des Adels vollzieht sich in keinem fundamentalen Gegensatz zur Stärkung der königlichen Autokratie; Verlierer ist das insgesamt noch schwache Bürgertum. Die in West- und Zentraleuropa in der Frühen Neuzeit klassische Konfiguration einer zur Autokratie tendierenden Monarchie, die sich auf das Bürgertum stützt, das die im Mittelalter gewonnene Machtstellung erhalten konnte und das wiederum dadurch ins politische Spiel einbezogen und durch seine ökonomische Stärke zum Machtfaktor wird, existiert in Portugal nach dem Regenten Dom Pedro kaum mehr. Die adelsfreundliche Politik Afonsos V. sicherte ihm schließlich sogar die Unterstützung eines Teils des kastilischen Adels, als er nach dem Tod Enriques IV. Anspruch auf den Thron Kastiliens erhob und dadurch in Konflikt mit Isabel und Fernando geriet. Afonsos Ansprüche erledigten sich praktisch durch seine Niederlage bei Toro 1476, zeigen aber auch die auf der Ebene der Dynastie wie des Adels weiterhin als Möglichkeit präsente Union Portugals und Kastiliens in einer Doppelmonarchie, die angesichts der Größenverhältnisse auf Kosten der nationalen Substanz Portugals funktioniert hätte. In diesem Prozess des gleichzeitigen Erstarkens von Monarchie und Adel stellen die spektakulären Maßnahmen Joãos II. (1481–1495) zur Demütigung des Adels und Limitierung der Macht des Hauses Bragança (Hinrichtung des Herzogs von Bragança 1483, Ermordung des Herzogs von Viseu, Ermordung des Bischofs von Évora 1484) eher interfamiliäre Strafmaßnahmen als einen Kampf ums Existenzrecht dar. Der dem Renaissance-Herrscherideal lebende *Príncipe Perfeito* griff bei seinem Kampf gegen die Großen nicht auf den dritten Stand zurück, sondern identifizierte in vorabsolutistischer Weise den Staat mit dem Herrscher. Diese Politik konnte, vor allem da sie nicht fortgeführt wurde, zu keiner entscheidenden Rückdämmung der Adelsmacht führen, die sich vielmehr durch die Restitutionspolitik seines Nachfolgers Dom Manuel, vor allem gegenüber dem Haus Bragança, wieder festigte.

Unter Dom Manuel, »dem Glücklichen«, (1495–1521) erlebt Portugal mit der Öffnung des Seewegs nach Indien und dem massiven Einfließen begehrter Güter, vor allem von Gewürzen, und vorerst hohen Gewinnspannen zunächst eine wirtschaftliche Blüte, die unumkehrbare Veränderungen in Konsumgewohnheiten und Mentalität des immer noch relativ kleinen Landes hervorrufen sollte. Der Indien-Boom und der Aufbau des »Indischen Reiches« machen Portugal zur Weltmacht, Lissabon wird ein internationaler Handelsplatz, die zumindest organisatorische Monopolisierung des Orienthandels durch die Krone verschafft dieser weitgehende Unabhängigkeit von den Cortes, gegenüber deren reservierter Haltung angesichts der Orientpolitik sich das maritim-merkantile Konzept scheinbar durchgesetzt und bewährt hatte. Die autokratischen Tendenzen der Krone verstärken sich, der Hof wird mit der Entstehung eines Hofadels und einer sich aufblähenden Bürokratie zum alles beherrschenden Zentrum des Landes. Die *Ordenações Manuelinas* stellen ein neues modernisiertes Gesetzeswerk dar, das zusammen mit den 1603 folgenden *Ordenações Filipinas* für lange Zeit die Grundlage des öffentlichen und privaten Rechts in Portugal werden sollte. Die Reform der *forais* (1497–1522) wandelt diese ehemaligen Autonomiestatuten der Städte in Besteuerungsbestimmungen zugunsten der Krone um. Aus einer scheinbar starken Position heraus sucht Dom Manuel neue Verbindungen zu den *Reyes Católicos* Fernando und Isabel, die über Kastilien und Aragón herrschen. Unter ihrem Einfluss greift er mit seiner Ausweisung der Juden (1496) bzw. ihrer Zwangsbekehrung entscheidend in die traditionelle ethnische und demographische Struktur des Landes ein, nachdem schon sein Vorgänger viele 1492 aus Spanien vertriebene Juden aufgenommen, sie dabei finanziell weitgehend ruiniert und zum großen Teil schließlich versklavt oder zur Annahme des Christentums gezwungen hatte. Das zumindest bis etwa 1434 relativ problemlose Nebeneinander von Christen und Andersgläubigen wandelt sich in der scheinbaren Homogenität eines katholischen Portugals – wie in Spanien – in die bis ins 18. Jahrhundert dauernde Spaltung der portugiesischen Gesellschaft in »Altchristen« und »Neuchristen« und die Herausbildung zweier feindlicher Mentalitäten, d.h. bei ersteren eines neuerungsfeindlichen Bewusstseins, im Besitz der einzigen Wahrheit zu sein, eines inquisitorischen Schnüffelns nach Abweichungen, einer Neigung zur Repression; bei letzteren eines beständigen Gefühls des Bedrohtseins, einer Tendenz zur Verstellung und Verheimlichung der wirklichen eigenen Meinung und einer Neigung zu Messianismus und Utopie. Unter dem Druck der Inquisition wanderten schließlich zahlreiche Juden, die es bleiben wollten, in die toleranten Niederlande aus.

Schon unter João III. (1521–1557) werden Zeichen des Niedergangs unübersehbar: eine kaum mehr zu meisternde Verschuldung, die z. B. 1549 zur Schließung der portugiesischen Handelsniederlassung in Antwerpen führt, militärische Rückschläge im Orient und in Nordafrika, demographische Probleme infolge Auswanderung und Landflucht. Die ersten Schritte zur politischen Erschließung Brasiliens, die Aufteilung in *capitanias* (1530–1535) und die Ernennung des ersten Gouverneurs (Tomé de Sousa, 1548) bedeuten die Hinwendung zu einem Gebiet, dessen wirtschaftliche Valorisierung weniger Opfer zu fordern verspricht. Gegenreformatorischer Tendenz folgend, aber auch von ganz vordergründigen materiellen Interessen getrieben, wird 1536 nach längerem Bemühen des Königs die Inquisition in Portugal eingeführt. Die Neueinrichtung der Universität Coimbra 1537 und die Gründung des *Colégio de Artes* in Coimbra (1547) sind Antworten auf das internationale Prestige humanistischer Kultur. Die Jesuiten, die 1539 in Portugal erscheinen, werden nach und nach den gesamten Bildungssektor und bis 1558 auch die beiden genannten Einrichtungen unter ihre Kontrolle gebracht haben. Die Heirat Joãos III. mit einer Schwester Karls V. sowie des letzteren Heirat mit Isabel, der Schwester Joãos III., werden zur Grundlage der späteren Ansprüche Philipps II. auf den portugiesischen Thron werden.

Als Dom Sebastião (1557–1578) nach elfjähriger Regentschaft seiner spanischen Mutter und seines Großonkels, des Kardinals Dom Henrique, 1568 die Herrschaft übernahm, befand sich das Land trotz vorübergehender militärischer Erfolge in Übersee in einem kritischen Zustand. Im Geiste des Kreuzzugs gegen den Islam und der absoluten Stellung des Königs erzogen, unternahm der labile, zu religiösem Fanatismus neigende Monarch 1574 einen Feldzug nach Nordafrika, der scheiterte. Eine erneute Landung der Portugiesen 1578 endete mit einer vollständigen Niederlage und dem Tod des Königs in der Schlacht von Alcácer-Quibir. Die Thronbesteigung durch den greisen Kardinal Dom Henrique (1578–1580) bedeutete angesichts fehlender Nachkommenschaft nur einen kurzen Aufschub für die Thronfolge durch Philipp II.

Das Auftreten eines vor allem vom ›kleinen Volk‹ gestützten »nationalen« Thronprätendenten, Dom António, Prior von Crato, Enkel Dom Manuels, gegen den Druck Philipps, mit dem weitgehend der Adel und die vermögenden Gruppen sympathisierten, wiederholt zum Teil die Konstellation der Krise von 1383–1385. Das inzwischen völlig veränderte Gewicht der im einzelnen beteiligten sozialen Gruppen gibt dem Portugiesen keine Chance. Nach dem Tod Dom Henriques' 1580 bemächtigt sich Philipp militärisch des Landes, das nun in Personalunion mit Spanien verbunden ist.

Das portugiesische Reich und seine Expansion 1498–1580

Die Fahrt Vasco da Gamas unter Dom Manuel »dem Glücklichen« (1495–1521) war schon nicht mehr als Entdeckungsfahrt organisiert, sondern als diplomatische, gegebenenfalls militärische, zur Kontaktaufnahme mit einem fremden, fabulösen, unvorstellbar reich gedachten Indien angelegt. Sie führte 1497–1499 mit den Zwischenstationen Mombasa und Malindi nach Calicut (1498), endete aber, wohl wesentlich auf Betreiben islamischer Kaufleute, die die Tragweite des Unternehmens – die Bedrohung ihres östlichen Handelsmonopols – sehr wohl erfassten, mit kriegerischen Auseinandersetzungen. Solche brachte auch die Fahrt der nächsten Indienflotte unter Pedro Álvares Cabral (1500), der auf dem Hinweg ›offiziell‹ das wohl schon vorher bekannte Brasilien entdeckt hatte (Terra da Vera Cruz), und die zweite Indienfahrt Vasco da Gamas 1502.

Die Regierungszeit Dom Manuels I. ist durch den Indien-Boom geprägt, die Eröffnung scheinbar unbegrenzter Möglichkeiten der Bereicherung und Expansion, die die ganze Nation in ihren Bann zieht, ihre Mentalität verändert und Portugal zumindest vorübergehend zu einer Macht von kosmopolitischem Ausmaß macht. Vor seinem nächsten Konkurrenten Spanien durch den 1494 geschlossenen Vertrag von Tordesillas gesichert, in dem der Papst Alexander VI. durch einen Meridian, der 370 Meilen westlich der Kanarischen Inseln lag, die bereits entdeckte und noch zu entdeckende Welt zwischen Spanien und Portugal teilte, baute Portugal sein Einflussgebiet im Osten zu einem Kolonialreich aus. Ausgestattet mit dem Titel »Vizekönig« errichtet Francisco de Almeida 1505–1508 Festungen bzw. feste Plätze an der afrikanischen Ostküste (Quiloa, Mombasa, Malindi) und in Indien (Canamor, Cochin). Sein Nachfolger, Afonso de Albuquerque (1509–1515), versuchte, in zahlreichen Feldzügen das System der Stützpunkte um den Indischen Ozean auszubauen (Hormus 1506–1514, Sokotra 1507, vergeblicher Versuch, Aden zu erobern, 1513), um die militärische Unterstützung der islamischen Kaufleute durch den Sultan von Ägypten zu unterbinden; er eroberte 1510 Goa, das die Hauptstadt des östlichen Imperiums wurde, und griff 1511 auf Ceylon, dann Malakka (im heutigen Malaysia) aus. Er, der energischste und wegen seiner Grausamkeit berüchtigtste, aber auch effizienteste Vertreter der portugiesischen Macht im Osten, starb auf der Heimfahrt nach Goa, wo ein Haftbefehl gegen ihn vorlag, da man befürchtete, er werde sich mit dem östlichen Reich von Portugal lossagen.

Noch unter Dom Manuel I. dringt man über Malakka hinaus. 1519 unternimmt der in spanischen Diensten fahrende Fernão de Magalhães (Magellan) die erste Weltumsegelung. Unter João III. (1521–1557) treten im Osten erste Rückschläge auf: Aufstände führen zu ersten Niederlagen, die erfolgreiche Eroberung von Diu 1546 bringt nicht die gewünschte Sicherung, Korruption wird zum allgegenwärtigen Übel in der portugiesischen Verwaltung. Der immer weiter erschlossene Raum östlich von Goa (Fernão Mendes Pinto in Japan, Francisco Xavier [1506–1552] ab 1542 östlich von Goa) ist kaum kontrollierbar, portugiesische Abenteurer führen in zum Teil zahlenmäßig sehr schwachen Gruppen Privatkriege oder betreiben Piraterie, Soldaten leisten Söldnerdienste bei einheimischen Fürsten.

Der »Anschluss« an Spanien 1580 machte die Feinde Spaniens auch zu Feinden Portugals – was freilich im Osten ohnehin geschehen wäre. 1588 versinkt die Armada, Spanien gerät zur See gegenüber England ins Hintertreffen. 1600 wird die *East Indian Company* gegründet, 1602 die holländische Ost-Indien-Gesellschaft, 1604 die französische. Sie bemächtigen sich nach und nach der portugiesischen Besitzungen. Im ersten Viertel des 17. Jahrhunderts zerfiel das portugiesische Imperium im Osten. Als letzte portugiesische Stützpunkte in Indien fielen Goa, Diu und Damão 1961 durch Besetzung durch die indische Armee. In China blieb Macau zunächst portugiesisch.

Während sich die Situation im indischen Raum zunehmend verschlechterte, entwickelte sich eine Kolonie, die von Portugal auf Dauer geprägt werden sollte: Brasilien. 1500 von Pedro Álvares Cabral entdeckt, wurde es ab 1502 zum regelmäßigen Lieferanten des Brasil-Holzes (aus portugiesisch *brasa*, »Glut«, wegen der Rotfärbung), im weiteren Verlauf auch exotischer Tiere, vor allem Papageien, und, wenn auch in geringerem Ausmaß, von Sklaven; letztere wurden besonders in Brasilien selbst eingesetzt. Erste Versuche vor allem französischer Kaufleute, Fuß zu fassen, wurden vereitelt. Der Aufteilung Brasiliens in erbliche *capitanias*, parallele, von Ost nach West verlaufende Streifen, die an Feudalherren verkauft wurden, denen auch einige Hoheitsrechte übertragen wurden, folgte, da sie sich bis auf wenige Ausnahmen nicht bewährte, die Ernennung des Generalgouverneurs Tomé de Sousa, der in Salvador da Baía residierte. Die portugiesische Einwanderung nach Brasilien entwickelte sich stetig; einen hohen Anteil stellten Juden oder »Neuchristen«, die hier den Verfolgungen zu entgehen hofften. Frühe Gebiete intensiver Entwicklung waren das Gebiet um S. Paulo (Piratinga), Salvador da Baía und Pernambuco. Die zum Teil landwirtschaftliche Orientierung, vor allem die Einrichtung von Zuckerrohrpflanzungen und entsprechender Verarbeitungsanlagen, wo im wesentlichen Sklaven (Indios, später Afrikaner) arbeiteten, bedingten eine nicht nur auf Handel, schnelle Ausbeutung und Rückkehr fixierte Sesshaftigkeit der Siedler, deren Führungsschichten bereits in der zweiten Hälfte des 16. Jahrhunderts in der Kolonie stellenweise einen durchaus hochherrschaftlichen Lebensstil pflegten. Neben diesen Schwerpunkten portugiesischen Expansionsinteresses seien noch andere Unternehmungen erwähnt: Wohl im Zusammenhang mit der Erwägung einer Nord-West-Passage nach Indien stehen Reisen, die in der zweiten Hälfte des 15. Jahrhunderts, zum Teil zusammen mit Dänen, in den Norden führten: Unter anderem 1492–1495 Pêro de Barcelos und João Fernandes Lavrador (*Terra do Labrador* bezeichnete zunächst Neufundland); die Brüder Gaspar und Miguel Corte Real, die 1501 und 1502 nacheinander wohl in Nordamerika landeten und spurlos verschwanden. Die Suche nach dem sagenhaften christlichen Reich des »Priesters Johannes« führte Pedro de Évora und Gonçalo Eanes ins Innere Afrikas, Pedro de Covilhã reist 1487 zum Teil auf dem Landweg von Indien nach Kairo, und von dort nach Äthiopien, das man nun als dieses legendäre Reich identifizierte.

Die Organisation des portugiesischen Machtbereichs

Sieht man von jenen Punkten des Globus ab, die von den Portugiesen nur berührt wurden und keine längere portugiesische Präsenz kannten, und betrachtet man nur den Raum als portugiesischen Machtbereich, in dem sie sich einigermaßen dauerhaft etablierten, so muss man auch hier ein gewisses Fluktuieren feststellen, ein Gewinnen und Verlieren von Positionen, eine Ungewissheit der Grenzen, etwa um die Faktoreien an der afrikanischen Küste oder im Raum östlich von Goa. Am greifbarsten wird dies in der Tatsache deutlich, dass die Krise der portugiesischen Macht in Nordafrika zeitlich etwa zusammenfällt mit dem Höhepunkt der portugiesischen Macht in Indien (vierziger Jahre des 16. Jahrhunderts) bzw. dass dieses Fluktuieren sich ergab aus den Relationen von erwartetem oder tatsächlichem kommerziellem Nutzen und sich präsentierender Schwierigkeiten – vor allem militärischem Widerstand – in bestimmten Zonen. Innerhalb des portugiesischen Machtbereichs erscheinen drei bzw. vier Modelle portugiesischer Präsenz (Luís Filipe Thomaz): die Eroberung von Territorien, wie sie etwa in der Reconquista zuletzt im Süden Portugals stattgefunden hatte, die, ausgehend von zunächst genommenen festen Plätzen, für Nordafrika vorgesehen war und die sich als solche aufgrund des militärischen Widerstands der islamischen Bevölkerung nicht realisieren ließ; die Einnahme oder Errichtung fester Plätze, wie sie in Marokko stattfand und als Verfahrensmodell auf Indien und zum Teil den Raum östlich von Goa übertragen wurde; die Inbesitznahme praktisch leerer, jedenfalls nicht militärisch verteidigter Territorien, wie etwa der Atlantikinseln und Brasiliens; schließlich die Errichtung von Faktoreien, die prinzipiell vor allem dem friedlichen Warenumschlag dienten und die zunächst an der afrikanischen Westküste bzw. im Golf von Guinea, dann auch in Asien praktiziert wurde. Als eher inoffizielle Form portugiesischer Präsenz erscheint das selbständige Agieren portugiesischer Abenteurer, Piraten, Soldaten, Kaufleute, auch Beamter auf eigene Rechnung, zum Teil auch im Dienst einheimischer Fürsten, im Raum östlich von Goa und mutatis mutandis im 17. Jahrhundert das der *bandeirantes* in Brasilien sowie das der vor allem jesuitischen Missionare in Gebieten außerhalb des islamischen und portugiesischen Machtbereichs, so vor allem in Ostasien und in Brasilien.

a) Das östliche Reich

Der zunächst von Herrschaft und Verwaltung am besten durchdrungene und ökonomisch bedeutendste Raum des gesamten portugiesischen Machtbereichs war das seit 1507 von Vizekönigen regierte östliche Imperium, dessen Hauptstadt seit 1510 Goa war. Mit dem Einbruch der Türken in den Levante-Raum und der Errichtung des Mameluken-Reiches in Ägypten (ab 1252) hatten sich vor allem durch hohe Zölle die in Europa so unverzichtbaren wie als Luxusgüter begehrten Gewürze erheblich verteuert, so dass die erste Kontaktnahme mit dem indischen Raum durch Vasco da Gama wie auch die folgenden zunächst dem Zweck diente, diese Produkte billiger und dadurch gewinnbringender nach Europa zu bringen. João II. hatte noch an reine Handelsbeziehungen mit Faktoreien, wie sie auch in Antwerpen, Lissabon oder Venedig von jeweils ausländischen Kaufleuten unterhalten wurden, gedacht. Der erwartbare handgreifliche Widerstand der arabischen Kaufleute, dann aber auch die Aggressivität der sich auf überlegene Flottentechnik und Bewaffnung stützenden portugiesischen Kommandeure machten den wohl ursprünglich angestrebten friedlichen Handel unmöglich und führten bereits wenige Jahre nach der Fahrt Vasco da Gamas zu einem systematischen, militärisch gestützten Aufbau eines portugiesischen Ostreiches. Die Extrempunkte dieses Reiches waren die afrikanische Ostküste und das 1511 eroberte Malakka im heutigen Malaysia. Rückgrat des Reiches war ein Festungsgürtel, der sich an der indischen Westküste von Diu bis Ceylon, darunter Goa, hinzog, eine Reihe weiterer Festungen um den Indischen Ozean sowie Malakka. Das Konzept des ersten Vizekönigs, Francisco de Almeida (1505–1508), war gewesen, Portugal und seinen Alliierten das Schifffahrtsmonopol zunächst des Indischen Ozeans zu sichern und an Land nur notwendige Stützpunkte zur Ladung der Waren sowie Wartung und Bergung der Schiffe zu unterhalten, ein System, das der überlegenen Schifffahrtstechnik, aber auch den knappen menschlichen Ressourcen der Portugiesen Rechnung trug. In relativ kurzer Zeit bemächtigte sich Portugal unter Francisco de Almeida und seinem Nachfolger Afonso de Albuquerque (1508–1515) der Herrschaft über den Indischen Ozean. An der ostafrikanischen Küste besaßen die Portugiesen die festen Plätze Quiloa, Mombasa und das ihnen seit Vasco da Gama verbündete Malindi, in Indien Canamor und Cochin. Tristão da Cunha, mit dem Afonso de Albuquerque segelte, nahm 1507 die am Eingang des Roten Meeres, durch das die arabischen Gewürzschiffe nach Ägypten fuhren und ägyptische Flotten ihnen zu Hilfe eilten (z.B. 1508–1509), gelegene Insel Sokotra ein, Albuquerque eroberte Hormus (1507/1508) am Eingang des Persischen Golfs, dann Goa (1510).

Dieser Raum war, solange die technische und navigatorische Überlegenheit der Portugiesen sichergestellt war, relativ leicht zu halten, weil überschaubar. Geographisch komplizierter stellte sich der Raum »östlich von Goa«, vor allem aber östlich von Malakka dar, wo sich die portugiesische Macht verliert und die Aktivitäten einzelner unkontrollierbar werden. Der Abenteurer Fernão Mendes Pinto gibt ein packendes Bild dieser Verhältnisse in seinem Buch *Peregrinação.* 1511 landen Portugiesen auf Java, Amboína und den Banda-Inseln. Portugiesen etablieren sich auf den »Gewürzinseln«, den Molukken, und berühren im weiteren ein Gutteil der Inseln des heutigen Indonesien. Die Kontaktaufnahme mit China (1513–1517) und Japan (1542) zeigt die Portugiesen bereits eindeutig in der Rolle von Gästen, denen man, wenn man sie nicht schlicht als Verbrecher und Seeräuber einstuft, Landung und Kontaktnahme erlaubt (Zuerkennung Macaus als Handelsplatz 1557), deren Manieren man gelegentlich belächelt und deren Berichte über die Macht des portugiesischen Königs man höflich, aber auch ungläubig zur Kenntnis nimmt und die man – so in Japan – für Inder aus Goa hält.

Goa entwickelt sich nicht nur zu einem politischen und kommerziellen Zentrum, es wird auch bald Synonym für Korruption und Sündhaftigkeit – Camões vergleicht es mit Babylon. Die Einführung der Inquisition tut dem keinen Abbruch. Seine Vizekönige, so Afonso de Albuquerque, der bewusst etwa die Verheiratung von Portugiesen mit Inderinnen förderte, geraten freilich gelegentlich in Verdacht, separatistische Tendenzen zu verfolgen. Als Afonso de Albuquerque sich zum letzten Mal Goa nähert, liegt bereits ein Haftbefehl gegen ihn vor. Er stirbt, bevor er festgenommen werden kann. Die jeweilige Berufung der Vizekönige für nur drei Jahre ist Ausdruck des tiefen Misstrauens des Hofes und der Krone in Lissabon, das zu immer neuen, zum Teil die Desorganisation nur verschärfenden Eingriffen führt.

b) Die Verbindung mit dem Mutterland

Sosehr die Berichte der Ostasienfahrer den Eindruck vermitteln, Goa sei schon wieder fast Portugal, so langwierig und gefährlich gestaltete sich tatsächlich die Verbindung, die freilich seit etwa 1540 eine gewisse Regelmäßigkeit annimmt. Die Flotten verließen in der Regel Lissabon im März oder April, um den Indischen Ozean zu Beginn des großen Monsuns überqueren zu können. Sie transportierten etwa zwei- bis dreitausend Soldaten, dazu Kanonen und Gerät, und kehrten mit Gewürzen beladen zurück. Gegen Ende des 16. Jahrhunderts transportierte ein größeres Schiff (Typus der *nau*) im Schnitt eine Mannschaft von etwa 100–120 Mann, 300–400 Soldaten und etwa 200–300 Passagiere. Infolge des ungewohnten Klimas, unzureichender und zum Teil verdorbener Verpflegung (Ausgabe monatlich, Wasser und Wein täglich) waren Krankheiten und eine hohe Sterblichkeitsrate – Berichte sprechen von bis zu 50 Prozent – die Regel. Die Kirche war immer dabei in Gestalt von Priestern, Mönchen und täglichen Messen und Andachten, die wohl nicht zuletzt einer Demoralisierung aufgrund von Untätigkeit während der mindestens sechsmonatigen Reise entgegenwirken sollten.

Bau und Unterhalt der Schiffe erforderten erhebliche materielle und administrativ-organisatorische Anstrengungen, die nur unter der Regie der Krone erbracht werden konnten. Die durchschnittliche Lebensdauer eines Schiffes auf der Indienroute betrug zehn Jahre, d.h. etwa drei bis vier Fahrten.

c) Der Indienhandel

Seit den Anfängen der portugiesischen Entdeckungsfahrten spielten kommerzielle Interessen eine bestimmende Rolle, wenn sie auch nicht das einzige Motiv waren. Schon der Chronist Azurara, der die Anfänge der Übersee-Expansion unter Heinrich dem Seefahrer noch klar im Sinne einer Helden- und Kreuzzugslegende darstellt, berichtet von den ersten Sklaventransporten, die in Portugal anlandeten, und davon, dass Heinrich daran verdiente. Seit 1444 befand sich der Handel mit Afrika weitgehend in der Hand der *Companhia de Lagos*. Hauptsächliche Handelsgüter waren Goldstaub und Sklaven. Die eingehende ›Ware‹ wurde zur besseren Kontrollierbarkeit zunächst in einem zentralen Depot ›gelagert‹, der *Casa da Guiné* in Lagos, die 1481 nach Lissabon verlegt wurde und nach mehreren Umbenennungen als *Casa da Índia* figurierte. Der Weiterversand, der Abschluss von Verträgen, die Ausrüstung der auslaufenden Schiffe etc. wurden in dieser Zentrale abgewickelt. Die meisten der immer reichlicheren und vielfältigeren Produkte, vor allem aber Gewürze, wurde ins nördlichere Europa weiterverschifft (Handelsniederlassungen der Portugiesen in Brügge seit Ende des 13. Jahrhunderts, dann 1445 Gründung der großen »Faktorei« – *feitoria* – in Antwerpen). In dem Maße, in dem der Handel mit Indien an Gewicht gewann, wurden auch dort offizielle Niederlassungen mit offiziellen Vollmachten gegründet.

Neben der Krone trugen den Handel im wesentlichen Kaufleute, die sich mit der Krone assoziiert hatten und prozentual an Einlage und Gewinn beteiligt waren. Daneben hatte jeder, der an der Indienfahrt beteiligt war, vom Admiral bis zum Schiffsjungen, das Recht, in abgestufter Anteiligkeit Gewürze gewissermaßen in Kommission zu kaufen. Den entsprechenden Geldbetrag hinterlegte er in der indischen Faktorei, die den Einkauf kollektiv besorgte. Der Einleger wurde dann nach dem Prozentsatz seiner Einlage am durch den Verkauf erzielten Gewinn beteiligt. Das Recht auf diese Teilnahme am Geschäft war Teil der Löhnung und konnte wiederum in verschiedenen Formen veräußert werden.

Nach der Rückkehr nach Lissabon wurde die Ware in der *Casa da Índia* eingelagert bzw., in der Regel nach Aufkauf durch die Krone, wodurch ein Absinken der Preise durch eventuelle Konkurrenz verhindert werden sollte, von der *Casa da Índia* zunächst auf portugiesischen, dann zunehmend auf flämischen und deutschen Schiffen in die Faktorei nach Antwerpen verbracht, von wo aus sie an die großen deutschen und italienischen Handelshäuser weiterging, die sich durch Verträge mit der portugiesischen Krone ihrerseits eine Monopolstellung sicherten.

Bis zur Mitte des 17. Jahrhunderts änderten sich die Modalitäten der Beteiligung mehrfach, bis schließlich der Handel in die Hände von Handelsgesellschaften, die so gut wie alle Vollmachten hatten, überging. Tendenziell vollzog sich über mehrere Stufen die Verlagerung des Risikos auf private Schultern, da die Krone immer weniger in der Lage war, die jeweils vorab zu verauslagenden Gelder aufzubringen. Die *Casa da Índia* ihrerseits vereinigte bald in sich die Funktionen einer Zollbehörde, der Hafenkommandantur und des Kolonialministeriums und entwickelte sich in ihren vier Abteilungen (*mesas*, also »Tische«) zu einem komplizierten und wohl auch zunehmend undurchschaubaren Organismus, an dem neben der Krone alle möglichen Institutionen, Interessengruppen und Einzelpersonen mitverdienten.

Neben dem eigentlichen, wenn auch monopolisierten Handel waren die sogenannten *cartazes* eine weitere Einnahmequelle des portugiesischen Ostens, Freibriefe bzw. Passierscheine, durch die sich arabische und indische Kapitäne und Händler das Recht auf ungehinderte Fahrt im Indischen Ozean und darüber hinaus erwarben. Eine nicht unproblematische Methode, war doch mit damaligen Kalkulationsmethoden ihre Wirtschaftlichkeit nicht zu überblicken – sie untergrub nicht nur das Schifffahrtsmonopol, sondern auch die Motivierung der Mannschaften und einzelner Kapitäne, die an Prisen beteiligt wurden und bei denen die Neigung wuchs, auf eigene Faust Profit zu machen.

Gründe der Übersee-Expansion

Die Frage nach den Gründen der Entdeckungsfahrten und der Übersee-Expansion ist obligatorisches Thema portugiesischer Selbstreflexion und historischer Forschung. Die Antworten reichen von sozioökonomischen Erklärungen bis zur Annahme eines vagen, vielleicht keltischen Substrats der portugiesischen Seele, dem die Sehnsucht (*saudade*) nach dem, was hinter dem Vorgegebenen und Bekannten liegt, inhärent sei (*saudosismo*). Die ernstzunehmende Forschung freilich distanziert sich von Versuchen einer monokausalen Begründung des Ausgreifens Portugals nach Übersee. Sie weist darauf hin, dass in den in der Regel als Ursache der Expansion genannten Gründen sozioökonomische Gegebenheiten, kollektive Bewusstseinslagen und individuelle Motivationen ineinander verfließen, wobei Vorbedingungen von den Betroffenen als Herausforderung oder Einladung empfunden werden, aber durchaus auch Motiv sein können.

Eine solche Vorbedingung ist zweifellos die geographische Situation Portugals im äußersten Westen des Kontinents mit heute ca. 845 km Küstenlinie, wobei die Zahl von möglichen Landeplätzen oder Häfen im 16. Jahrhundert unter Umständen sogar größer als heute war. Seit dem Mittelalter hatte die Küstenbevölkerung eine gewisse seemännische Erfahrung, wenn diese wohl auch zunächst nicht mit der der damals seefahrenden Nationen (Niederländer, Venezianer, Genuesen, Mallorquiner) vergleichbar war.

Vorbedingungen bot auch die historische Situation zu Beginn des 15. Jahrhunderts. Im Laufe des 13. Jahrhunderts hatte die europäische Wirtschaft eine Expansion erfahren, die Produktion von Gütern zum Zwecke des Handels hatte zugenommen, Bedürfnisse nach Luxusgütern oder solchen, die in Europa nicht hergestellt wurden, hatten sich entwickelt. Der Handel über weite Distanzen war denkbar und üblich geworden. Auch im religiösen Bereich hatten sich Erneuerungsprozesse vollzogen, für die etwa die Gründung der Bettelorden beispielhaft sein mag; ihr missionarischer Schwung verband sich mit dem immer noch lebendigen Kreuzzugsgedanken, der im iberischen Raum noch aktueller als im übrigen Europa war. Portugal war zu einem Zeitpunkt, als andere europäische Nationen noch im Prozess der Nationbildung waren, bereits eine relativ homogene nationale Gemeinschaft, gewöhnt an die Führung durch eine Monarchie, die eine unbestrittene Autorität darstellte und bereits im Prozess der Nationwerdung bzw. der Eroberung des nationalen Territoriums kontinuierlich bestimmend gewesen war.

Ein direkter Grund dürfte die Fortdauer der schon vor Dom João I. herrschenden Disproportion zwischen der demographischen Entwicklung und den zu langsam wachsenden inländischen Ressourcen gewesen sein, wobei die Vernachlässigung der »inneren Kolonisation« bzw. die Abnahme vor allem der landwirtschaftlich produktiven Bevölkerung – wohl wesentlich im Zuge einer allgemeinen Desorganisierung der ländlichen Gesellschaft unter der aufkommenden Geldwirtschaft – bereits in den einschlägigen Erlassen Dom Fernandos (gegen Vagabundentum etc.) greifbar wird. Schon in der ersten Hälfte des 14. Jahrhunderts hatte die Krone in einer ähnlichen Situation eine Expedition zu den Kanarischen Inseln unternommen, und auch die spätere Inbesitznahme Madeiras und der Azoren ist stark von der Perspektive ihrer landwirtschaftlichen Erschließung für den Weizenanbau geprägt, die auch bei der versuchten Eroberung Nordafrikas ins Gewicht fiel.

Der historische Augenblick – dem Ende des Bürgerkriegs 1385 und der Konsolidierung der neuen Monarchie folgt sehr bald der Beginn der Übersee-Expansion (1415) – bedingt auch, dass alle führenden Schichten sich von einer solchen Expansion Vorteile versprachen bzw. diese in den jeweiligen Klassenideologien Raum fand: im merkantilen Geist des sich entwickelnden Bürgertums, in der feudalen Mentalität des Adels, dem Abenteurergeist des Volkes, dem Kreuzzugsgeist bei Klerus und Königen, wobei die heute deutliche Widersprüchlichkeit der Intentionen infolge der jahrhundertelangen auf materiellem wie religiösem Gebiet geführten Auseinandersetzung mit dem Islam – der ja ebenfalls ein theokratisches System war – den Zeitgenossen weniger anstößig erschienen sein muss. Einige Historiker vertreten die Auffassung einer gewissen Interessendifferenzierung innerhalb des sozialen Spektrums des damaligen Portugal. So scheinen Hochadel und Klerus als Vertreter der alten Kreuzzugsideologie und einer »archaischen Mentalität« vor allem das Ausgreifen nach Nordafrika befürwortet zu haben. Befürworter der Indienfahrt hätten sich demgegenüber vor allem im niederen Adel befunden, dem sich Aufstiegschancen (Militär, Verwaltung) und Bereicherungsmöglichkeiten boten, in weitesten Kreisen des kommerziellen Bürgertums, einem missionarisch orientierten Klerus, dem zivilen und militärischen Beamtenapparat, unter Intellektuellen, die karrieremäßig und ideologisch an den *fumos da Índia* (»Indientraum«) interessiert waren (João de Barros, Damião de Góis) oder einer an der klassischen Antike orientierten Geschichtsperspektive oder »Ideologie der heldischen Tat« anhingen, schließlich abenteuerlichen Geistern verschiedenster Herkunft.

Schließlich muss auch, gerade angesichts der starken Führungsposition des Königs, auf das Gewicht individueller Impulse und Interessen, vor allem auf die Person Heinrichs des Seefahrers, Bruder Dom Duartes, Dom Pedros und des unglücklichen Fernando, hingewiesen werden.

Heinrich war zunächst für den zeitlichen Vorsprung, den Portugal in seiner Übersee-Expansion hatte, verantwortlich und stellte bis zu seinem Tod 1460 die treibende Kraft in Planung und Durchführung der überseeischen Unternehmungen dar. Der Chronist Azurara gibt in seiner *Crónica do Descobrimento e Conquista da Guiné* die Ziele Heinrichs wie folgt an: »in Wahrheit zu wissen, was jenseits der Kanarischen Inseln und des Kap Bojador liegt«, »ob man mit diesen Ländern in Warenaustausch treten kann«, »zu erfahren, wie weit die Macht des Islams reicht«, »zu erfahren, ob es in jenen Gegenden christliche Fürsten gäbe, die Hilfe gegen die Ungläubigen benötigen oder leisten können«, »den christlichen Glauben zu verbreiten«. Vier der fünf Punkte geben Wissensdrang als Motiv, wobei einer davon sozusagen »reinen« Wissensdrang nennt, in den drei anderen das Wissen in Relation zu militärisch-religiösen und in einem Fall zu kommerziellen Zwecken steht; der fünfte Punkt ist rein religiöser Natur – ein Katalog, der wohl in seiner Orientierung und Gewichtung Spiegel der adelsfreundlichen Position und Mentalität des Chronisten ist, der freilich in der Chronik selbst ein kommerzielles Interesse Heinrichs deutlich zum Ausdruck bringt.

Es kann im Einzelfall schwierig sein, die wirklich maßgebenden Anstöße zu isolieren und die dem Unternehmen zugrundeliegenden Absichten zu erraten, nicht zuletzt aufgrund der weitgehenden Geheimhaltung, der Projekte dieser Art unterlagen. In der Regel fallen mehrere Intentionen zusammen, wie etwa die Eroberung Ceutas (1415) von Kreuzzugsgeist (König, Klerus), der Hoffnung auf Territorialgewinne (Adel) und der Absicht der Reduzierung des militärischen Potentials bzw. der strategischen Möglichkeiten Marokkos (König, Adel) bestimmt wurde. Momentane Konjunkturlagen wie die Störung des aufgrund seiner Kompliziertheit empfindlichen venezianischen Orienthandels durch das Vordringen der Türken im Ostmittelmeerraum und die Etablierung der Mameluken in Ägypten wirkten sicher als zusätzlicher Ansporn bzw. brachten den Erweis der Vorteilhaftigkeit des Unternehmens. Andererseits entwickeln einmal in Gang gekommene Prozesse eine interne Logik, die neue Impulse gibt: nachdem die Kanarischen Inseln erreicht waren (1336), lag eine Erforschung der afrikanischen Westküste nahe. Die Eroberung Ceutas wiederum kann als Episode der in Spanien noch im Gange befindlichen Reconquista verstanden werden. Schließlich konnte im Hinblick auf die von Heinrich dem Seefahrer initiierte Erforschung der afrikanischen Westküste die Frage aufgeworfen werden, ob sie von Anfang an unter der Perspektive eines zu findenden Seeweges nach Indien stand oder ob diese Zielsetzung erst seit João II. galt (1474). Die Befunde sind nicht eindeutig. Es sollte daneben nicht vergessen werden, dass die Expansion nicht mit dem Erscheinen der Portugiesen an den jeweiligen Küsten endete, sondern sich etwa in Brasilien oder Afrika über Jahrhunderte hinzog. Eine gewisse historische Logik der gesamten Geschichte des portugiesischen Raums ist erkennbar: Hatte sich das 15. Jahrhundert auf den Atlantik beschränkt, bezog das 16. Jahrhundert den Indischen und Stillen Ozean ein. Das 17. und 18. Jahrhundert brachte die Erschließung Brasiliens, das 19. und 20. Jahrhundert die des portugiesischen Afrika.

Gründe und Folgen des Niedergangs der portugiesischen Macht

Ebenso wie für den Aufstieg Portugals sind auch für seinen Niedergang, der noch im 16. Jahrhundert unübersehbar wurde, vielfältige Gründe und ineinander verschränkte Entwicklungen verantwortlich: Ursachen und Umstände, die vordergründig in der Unmöglichkeit lagen, ein Unternehmen dieser Größenordnung in seiner Wirtschaftlichkeit abzuschätzen; in der Unfähigkeit bzw. dem mangelnden Willen der Eliten, vornehmlich des Königs, vor allem Dom Manuels, auf der Hand liegenden Negativentwicklungen grundsätzlich gegenzusteuern und nicht nur an ihren Symptomen, wenn überhaupt, herumzukurieren; Gründe, die letztlich wohl ›naturgegeben‹ waren, d.h. in der vor allem demographischen Schwäche Portugals lagen bzw. in der Tatsache, dass ein momentaner Entwicklungsvorsprung oder ein durch günstige Umstände entstandener Vorteil nicht gehalten werden konnte.

Schon von klarsichtigen Zeitgenossen wird immer wieder die Verschleuderung zumindest anfänglich real hoher Gewinne durch eine mit Dom Manuel beginnende verantwortungslose Ausgabenpolitik des Hofes angemerkt, die Förderung des Parasiten- und Klientenwesens, die Vernachlässigung der Investitionen zugunsten des Konsums. Ein hartes Urteil fällt der moderne Historiker António Sérgio: »Der König suchte im Indienhandel das schnelle Geld und eine Gelegenheit zu aufgeblasener Protzerei; von seinen Vasallen in Indien mehr Umsicht und Methode zu erwarten, wäre absurd gewesen. Mit dem Tod Albuquerques brach Anarchie aus.«

Man kann freilich die Frage stellen, ob das Übersee-Unternehmen nicht wirtschaftlich von vorneherein ruinös war, ob nicht die Ausgaben von Anfang an höher lagen als die auf Dauer erzielbaren Gewinne, und dies vor allem aufgrund der schwachen Eigenproduktivität des Landes, die durch die Entwicklung des Außenhandels fast völlig zerstört wurde. Portugal kaufte bereits in der ersten Hälfte des 16. Jahrhunderts in Indien Gewürze, die mit Waren aus Europa – im wesentlichen über Flandern beschafft – bezahlt wurden, die man wiederum fast ausschließlich auf Kredit kaufte. Bei Zinssätzen von ca. 25 Prozent jährlich – die nicht zuletzt das hohe Risiko der Unternehmungen spiegeln – waren im Jahre 1524 bereits Schulden in Höhe des Wertes des Imports von drei Jahren aufgelaufen. Die Schließung der Faktorei von Antwerpen kann als Versuch gesehen werden, aus diesem Teufelskreis zu entrinnen. Gleichzeitig zerstörte die ausschließliche Konzentration auf die »Transportpolitik« (A. Sérgio) die verbleibenden Produktionsstrukturen im Land. Auch der Inlandsverbrauch Portugals wurde bald zum überwiegenden Teil durch Importe gedeckt. In den hundert Jahren des Orientmonopols wurde handwerklich auch in den Städten noch ebenso produziert wie im 13. Jahrhundert. Die seit Ausgang des Mittelalters zunehmend prekärere »innere Kolonisation«, die aber zunächst wohl im ganzen gesehen nicht unbefriedigender verlief, als dies in anderen Teilen Europas der Fall war, kommt im Laufe des 16. Jahrhunderts weitgehend zum Erliegen. Die Hauptstütze des vorindustriellen Staates, die tätige landwirtschaftliche Bevölkerung, litt in ihren Mittel- und Unterschichten am meisten. Unter dem Abgabendruck, den der seinerseits geldbedürftige Adel und der zahlenmäßig hypertrophierte Klerus (Kirche als Versorgungseinrichtung) auf die ländliche Mittelklasse ausübten, wurde diese zur Landflucht gedrängt; die Landarbeiter litten unter der Konkurrenz durch die Sklaverei. Gil Vicentes allegorisches Spiel *Romagem de Agravados* (Uraufführung Évora 1533), in dem verschiedene soziale Schichten vor *Frei Paço* (»Bruder Palast«) auftraten, zeigt in den Klagen vor allem der ländlichen Bevölkerung diesen Zustand sehr deutlich.

Das wohl fatalste war jedoch, dass damit mentale Entwicklungen in Gang gesetzt bzw. Langzeitfolgen aufgerufen wurden, die auch durch das entschlossene Handeln einzelner oder kleinerer Gruppen nicht mehr aufzuhalten oder rückgängig zu machen waren. Produktive Arbeit verlor weitgehend an gesellschaftlichem Ansehen; die starke Stellung des Adels und das für ihn historisch bezeichnende Status- und Repräsentationsdenken verbreiteten sich trotz der zerbröckelnden materiellen Basis. Der vorübergehende Reichtum in den ersten Jahren des 16. Jahrhunderts hatte Konsumgewohnheiten geschaffen, die sich nicht änderten, auch als noch im Laufe des 16. Jahrhunderts das tatsächliche Einkommen durch den Gewürzhandel zurückging.

Ein weiterer Grund lag darin, dass gewisse Bedingungen, die die portugiesischen Erfolge des 15. und beginnenden 16. Jahrhunderts möglich gemacht hatten, nicht weiterbestanden. Die Tatsache, dass Portugal nach der Einnahme von Ceuta und der Zerschlagung der nordafrikanischen Flotten ohne Konkurrenten zu fürchten in den Südatlantik vordringen konnte, musste nicht notwendigerweise bestehen bleiben. Zwar waren die seefahrenden Mittelmeervölker noch für geraume Zeit durch die Auseinandersetzungen mit dem vordringenden türkischen Reich in Anspruch genommen, Frankreich und England waren noch durch den Hundertjährigen Krieg geschwächt, der Rest der iberischen Halbinsel weitgehend mit inneren Konflikten befasst und, wenn überhaupt, so eher in den Mittelmeerraum orientiert – doch dies waren grundsätzlich labile Gegebenheiten, wie der Überraschungseffekt, den das Auftauchen der Portugiesen im Indischen Ozean darstellte und ihre zunächst erdrückende navigations- und kriegstechnische Überlegenheit. Der Gegner lernte. Gewisse Maßnahmen der Portugiesen, ihrerseits bedingt durch den Mangel an Mitteln, die Höhe des Risikos u.a.m., mussten auf die Dauer geradezu kontraproduktiv wirken. Am Umgang mit dem Gewürzmonopol wird dies besonders deutlich; die zunehmende Preissteigerung der über See eingebrachten Gewürze mag bei den Abnehmern, vor allem den italienischen Handelshäusern, die Neigung verstärkt haben, den alten Handel über den Nahen Osten wieder aufzunehmen, was wohl ohnehin über kurz oder lang der Fall gewesen wäre. Konnte aber das Monopol den Preisverfall nicht verhindern, musste der Verlust durch Quantität ausgeglichen werden. Das wiederum schuf technische Probleme: die ansteigenden Verlustraten auf dem Indienkurs gegen Ende des 16. Jahrhunderts sind zu einem großen Teil auf minderwertige Qualität der Schiffe, Überalterung, Überladung und – im Falle gewalttätiger Auseinandersetzungen – Unbeweglichkeit zurückzuführen.

Die Mentalitätsentwicklung und eine Neuorientierung des portugiesischen Bildungssystems seit etwa den sechziger Jahren des 16. Jahrhunderts verhinderten eine der Situation angemessene Reaktion in fast allen Bereichen. Andererseits muss man, versucht man eine vorläufige Einschätzung dieses Vorgangs, sich die Frage stellen, ob eine Nation von der Größe Portugals mehr leisten konnte; das zukünftige Schicksal Europas und der Welt wurde ohnehin von Staaten und Nationen bestimmt, die aufgrund ihrer Ausdehnung über erheblich größere Mittel verfügten. Portugals Leistung lag wohl, im 16. Jahrhundert wie über die folgenden Jahrhunderte hinweg, weniger in der Schaffung eines homogenen strukturierten politischen Raums und militärischem Durchsetzungsvermögen gegenüber Mächten, die ihm überlegen waren, als vielmehr in der kulturellen Durchdringung und Prägung dort, wo ein starker wohlorganisierter Gegner nicht auftrat, die Naturbedingungen aber schwierig waren. Und wenn schwer voraussagbar scheint, in welcher Richtung sich auch kulturell die ehemaligen portugiesischen Besitzungen in Afrika entwickeln werden, so bleibt doch heute schon als gewaltiges und lebenskräftiges Denkmal jenes Land, das zunächst, in den Jahren des Indienbooms, als wenig ergiebig etwas im Schatten des Interesses gestanden hatte: Brasilien.

Wissen und Ideologie der portugiesischen Entdeckerzeit – eine frühe Aufklärung?

Die ungeheure, für die Verhältnisse vergangener Jahrhunderte sprunghafte Ausweitung des Wissens und des geistigen Horizonts musste notwendigerweise bisherige Wissensstrukturen, aber auch Horizonte der Welterfahrung, in Frage stellen. Ein Blick auf die weitere Geschichte Portugals zeigt freilich, dass zumindest im Land selbst eine vielleicht zu erwartende erste Vorform der Aufklärung ausblieb. Diese befremdliche Feststellung sollte die Aufmerksamkeit auf die Struktur dieses Wissens, seine soziale Verankerung und eventuell ihm entgegenwirkende Kräfte lenken.

Der Kernbereich des für das Unternehmen der portugiesischen Entdeckungen eigentlich charakteristischen Wissens ist ein eher praktisches als theoretisch orientiertes Wissen, das Probleme und Lösungen im Bereich der Nautik, der Kartographie, des Schiffbaus, der Medizin, darüber hinaus aber auch der außereuropäischen Geographie und Ethnographie umfasst. Um diesen Kernbereich gruppiert sich eine Zone, in der sich vor allem der Widerhall dieses Wissens und dieser Erfahrung im theologischen, literarisch-weltanschaulichen und im engeren Sinn künstlerischen Bereich, dem der bildenden Kunst, artikuliert, ein Bereich, in dem vor allem gewertet, gerechtfertigt oder kritisiert wird und der von vordergründig praktischen Fragen der Kolonialverwaltung bis zu epistemologischen, ethischen und anthropologischen Fragestellungen führt.

In den Kernbereich dieses Wissens, soweit es schriftlich aufgezeichnet wurde und nicht einfach als Erfahrungswissen von Praktikern – seien es Schiffsbauer oder Navigatoren – weitergegeben wurde, gehören jene Probleme, die mit nautischen Bedürfnissen einer bis dahin unbekannten Praxis der Hochseeschifffahrt zusammenhingen. Diese musste sich unter Umständen wochenlang ohne Küstenberührung und dann in völlig fremden geographischen, klimatischen und kulturellen Gegebenheiten orientieren, wobei die Hilfen, die die Astronomie von jeher gegeben hatte, und der seit dem 13. Jahrhundert bekannte Kompass versagen oder unsicher werden konnten. Schriftliche Zeugnisse dieser Probleme findet man zum Teil in den *roteiros*, in der Regel einfachen, Daten und Fakten notierenden Fahrtbeschreibungen, die manchmal von den Kapitänen und Steuerleuten – soweit diese des Schreibens kundig waren –, in der Regel aber von mitgenommenen Schreibern und Fahrtchronisten angefertigt wurden. Hinzu kamen stärker theoretisch oder experimentell orientierte Werke und schließlich zahlreiche Reisebeschreibungen, die schon durch ihre Masse unübersehbar eine eigene Gattung innerhalb der portugiesischen Literatur der Epoche darstellen. Sobald diese Texte einen gewissen Grad der Komplexheit erreichen, enthalten sie dann neben der Darstellung von Fakten zum Teil bereits in ihrer unmittelbar anschließenden oder auf ihre Darstellung bezogenen Kommentierung, aber auch implizit etwa in der Auswahl des Dargestellten, ideologische Stellungnahmen.

Die mehr oder weniger offizielle Geschichtsschreibung, die sich nun unter humanistischem Einfluss und auf antike Vorbilder gestützt neu formierte, widmet sich ebenfalls der Übersee-Expansion. Informationen finden sich schließlich auch in den zahlreichen ausländischen Veröffentlichungen über die Übersee-Aktivitäten der Portugiesen, denen angesichts einer weitgehenden Geheimhaltungspraxis der portugiesischen Krone eine besondere Bedeutung zukommt. Eine einzigartig originelle Verbindung von praktischem Erfahrungswissen, in langen Jahren in Indien und auf den Meeren erworben, und seiner künstlerischen und mentalen Überformung in humanistischem Geist stellt das portugiesische ›Nationalepos‹ *Os Lusíadas* (d.h. »die Portugiesen«) des Luís de Camões (1524–1580) dar (1572). Freilich ist das Werk, im Nebeneinander von Szenen wie der des Alten von Restelo, der die ausfahrende Flotte Vasco da Gamas verwünscht und all das voraussagt, was die Entdeckungsfahrten an Negativem für Portugal tatsächlich bringen sollten, und dann wiederum dem triumphalistischen Grundton und der Aufforderung des Dichters an den König, auf dem Wege ruhmvoller Eroberungstaten zum Wohle und zum Ruhm Portugals fortzufahren, vor allem Dokument eines historischen Moments und der Schwierigkeit – selbst für einen in der Sache Erfahrenen, der Camões zweifellos war – zu einer realistischen oder wenigstens einheitlichen Perspektive und Einschätzung der gegebenen Situation zu gelangen.

Welches sind die wichtigsten Koordinaten der Ideologie der Entdeckerzeit und ihrer Selbstreflexion in Portugal?

Als Konstante der Entdecker-Ideologie stellt sich die religiös-spirituelle Deutung des Übersee-Unternehmens als historische Konkretisierung transzendent-absoluter, mithin göttlicher Vorbestimmung dar, deren Ziel die Zusammenführung der Welt durch das universell zu verbreitende Christentum ist. In dieser universellen Christianisierung hat Portugal einen religiös wie praktisch einmaligen und überragenden Platz. Die religiöse Komponente liefert auch das Kriterium der ideologischen Einschätzung anderer Kulturen und der ihnen gegenüber einzunehmenden Haltung.

Daneben werden die Wichtigkeit und die Legitimität militärischer Macht und Gewaltanwendung der Übersee-Expansion sowie das Lob der kriegerischen Tapferkeit und des Opfermutes der Portugiesen in einem Krieg gegen den

Feind des Christentums betont. Außerdem wird die Neuheit, das Niedagewesene einer solchen Ausweitung des menschlichen Handlungs- und Kenntnisraums gerühmt. Die Stellungnahmen angesichts der materiellen wie moralisch-sittlichen Folgen dieser Entwicklungen variieren freilich stark zwischen positiv und negativ, wobei sich ein signifikanter Rückgang im Enthusiasmus für das Entdeckertum feststellen lässt.

Abgesehen von dieser relativ konsistenten Ideologie der Entdeckerzeit zeitigt ihr Wissen, vor allem in der Berührung mit anderen Gebieten oder in der reflexiven Rückwendung auf es selbst, gewisse Ergebnisse, die man vielleicht unter dem Oberbegriff einer ›Aufklärung‹ oder eines »Rationalismus *avant la lettre*« resümieren könnte. Wie moderne Forschungen gezeigt haben, hatten diese Perspektiven von zunächst erheblicher Tragweite freilich innerhalb Portugals keinen praktischen Bestand.

Obwohl die Ursprünge des modernen Naturrechts im Zusammenhang mit der Übersee-Expansion auf der iberischen Halbinsel gelegt wurden (Francisco de Vitoria, Domingo de Soto, Bartolomé de Las Casas u.a.), wo man früh versuchte, die historische Denkperspektive von unbefragtem imperialen Machtanspruch und Kreuzzugsgedanken zu durchbrechen und in diesem Rahmen auch den Vorrang des *ius ecclesiae* über das *ius naturae* ablehnte, ist der eigentlich portugiesische Beitrag dazu gering. Die Gründe dafür dürften in der zunächst intensiven portugiesischen Ausrichtung auf den Orient gegeben sein, dessen kulturelle Situation – die Dominanz des Islam – eine grundsätzlich andere als die Amerikas war und wo die Portugiesen auch in der Regel nicht als Kolonisatoren gegenüber Kolonisierten auftraten, sondern das Verhältnis zu einheimischen Mächten eher durch die Tendenz zur Stützpunktpolitik und zum Handel geprägt war. Das ändert sich erst, obwohl das Thema nach wie vor sekundär bleiben wird, mit der einsetzenden Mission und Tätigkeit der Jesuiten in Brasilien und der Präsenz spanischer Dozenten und Professoren an den portugiesischen Universitäten Coimbra und Évora im zweiten Viertel des 16. Jahrhunderts; Themen ihrer Reflexion sind die Überwindung der theokratischen Basis nationaler Eroberungspolitik, die Erkenntnis, dass nur über ein ›Völkerrecht‹ das erträgliche Zusammenleben von Christen und Nicht-Christen in entlegenen Weltgegenden gewährleistet sein könnte, schließlich auch die Reflexion über die ursprüngliche und grundsätzliche Freiheit der »nicht-ökumenischen Völker«, unabhängig von ihren spezifischen Sitten, Glaubensanschauungen etc. Wenn auch die Wirkung dieser Diskussion gering war, so war sie doch vorhanden: etwa in der Lösung, die die Missionare in Brasilien fanden, um die Indios vor Sklavenjägern zu bewahren und die eine gewisse Einigung mit den jeweiligen Kolonialverwaltungen seit Tomé de Sousa (1544–53) bis zum Ende des 16. Jahrhunderts möglich machten, bis diese Politik schließlich von der politisch-ökonomischen Dynamik überrollt wurde.

Der in der Renaissance wieder auflebende Mythos vom Goldenen Zeitalter scheint in den ersten Berichten aus Amerika und ihren Kommentaren im europäischen Rahmen, vor allem in Frankreich, aber auch in Spanien, starke Impulse erfahren zu haben, wobei freilich die Portugiesen selbst sich kaum positiv in dieser Richtung äußerten. Nicht zuletzt die nie in Frage gestellte christliche und katholische Grundkomponente der Entdeckungsideologie (Unmöglichkeit der rückhaltlos positiven Bewertung der ›Natürlichkeit‹ aufgrund der Erbsünde) dürfte einer Wertschätzung dieser Mythen einen Riegel vorgeschoben haben.

Es ändert sich aber, wenn auch auf einem höheren Abstraktionsniveau und damit weniger spektakulär, das Konzept der Natur, bzw. es verschiebt sich auch hier das Begriffspaar von Einheit und Vielgestaltigkeit. Es zerfällt die alte Vorstellung eines ausschließenden Gegensatzes von Welt und Gegenwelt; Antipoden sind, entgegen einem Gutteil mittelalterlicher Aussagen, möglich. Das in den Entdeckungen gesammelte Wissen universalisierte das Prinzip der essentiellen Einheit der Natur und etablierte andererseits das Prinzip ihrer regionalen Varietät.

Es veränderte sich auch das Verhältnis zwischen Mensch und Natur. Insgesamt wuchs das Vertrauen in die Macht und die Möglichkeiten des Menschen ungeheuer: Er verlor wohl in weitem Maße das Bewusstsein der Grenzen; er sieht sich als Bürger in einem riesigen Raum, erfährt sich selbst als Beförderer und Agens der Geschichte. Dieses Bewusstsein implizierte einen unterschwelligen Optimismus: alles schien erreichbar (Camões: »Und wenn es noch mehr Welten gäbe, würde es [Portugal] auch diese erreichen«, *Lusíadas* VII, Str. 14). Und wenn auch, vor allem im portugiesischen und spanischen Umfeld, die diesbezüglichen Selbstdeutungen und Bestimmungen der eigenen Position im Kosmos nicht bewusst auf die Abschwächung der Transzendenz gerichtet waren, so lag in ihnen doch anderseits eine Erhöhung der metaphysischen Position des Menschen. Vorstellungen dieser Art waren im übrigen Europa, vor allem in Italien, bereits theoretisch und hypothetisch entwickelt worden, die theoretische Fundamentierung eines anthropozentrischen Humanismus (z. B. bei Marsilio Ficino, Pico della Mirandola, Giordano Bruno, Tommaso Campanella) fand im Wissen der Entdeckungen gewissermaßen einen Verbündeten in den Erkenntnissen, die sich aus der Praxis den zeitgenössischen Geistern boten. Immerhin gewinnt wohl nicht nur in der literarischen Rhetorik der portugiesischen Entdeckerzeit der Topos der Überlegenheit der Modernen über die Alten, der Portugiesen über die Griechen und Römer, einen festen Platz. Geistes- und wissenschaftsgeschichtlich grundsätzlichere Bedeutung gewinnt dieses Denken dort, wo sich – erzeugt und genährt durch den Augenschein – radikaler Zweifel an der wissenschaftlichen Autorität der Alten Bahn bricht. Gegenüber einer spekulativen und prätentiösen traditionellen scholastischen Wissenschaft war nun ein für alle Mal festgestellt, dass die Meere in der Tat in ihrer Gänze befahrbar waren und überall fast identische Bedingungen herrschten; dass die Welt auf der anderen Seite auch eine Welt war, belebt, bewohnt und in ihren elementaren Strukturen und Gegebenheiten der bisher bekannten ähnlich.

Inwieweit durchdrang dieses Wissen und seine Implikationen, als ein neues Denken und ein neuer Diskurs, das geistige Leben des Landes, und wieweit gewann es Grund im Bewusstsein der Gebildeten? Es ist dies nicht zuletzt ein soziales Problem. Träger des neuen Wissens war im wesentlichen eine neue Klasse, die damit weitgehend überhaupt erst Zugang zu irgendeinem Wissen und einer Intellektualität gewann, die über die Bewältigung der unmittelbaren Alltagsprobleme hinausging. Zahlenmäßig dominierte, vor allem in den unteren und mittleren Bereichen der Organisation, das Bürgertum. Die Mehrheit hatte keine Universitätsbildung. Akademisch Gebildete waren in diesem Kreis selten und befassten sich zumeist mit zentralen Bereichen theoretischen Wissens (Astronomie, theoretisch begründete Messtechniken etc.); sie gehörten in der Regel dem mittleren oder höheren städtischen Bürgertum an und waren nicht selten »Neuchristen«; bemerkenswert sind darunter auch einige Mitglieder des Hochadels. Hierin unterscheidet sich das Wissensgebiet um die Entdeckungen von zwei anderen wichtigen Wissenskomplexen, der Theologie bzw. Scholastik und dem Humanismus, in denen Akademiker dominierten. Institutionell stützt sich das mit den Entdeckungen verbundene Wissen auf eigene Institutionen, die meisten von ihnen von der Krone geschaffen und ihr unterstellt. Sie dienen in weitem Maße der Sammlung und Kontrolle des neu gewonnenen Wissens nautischer, geographischer und kommerzieller Art und seiner Abschirmung bei abgestufter Geheimhaltung je nach Bereich.

Werfen wir einen Blick auf einige namhafte Vertreter des neuen Wissens und der neuen ›rationalistisch-empirischen Methode‹.

Duarte Pacheco Pereira (1466–1533) war ein vielseitiges Talent; aus altem portugiesischem Adel stammend, hochgebildet, wirkte er als Diplomat, Mitunterzeichner des Vertrags von Tordesillas (1494), Seefahrer und Navigator, hochgeehrt als siegreicher Verteidiger der portugiesischen Niederlassung in Cochin (Indien) gegen eine erdrückende Überzahl von Feinden, Kommandant des Forts S. Jorge de Mina (heute Ghana), aus undurchsichtigen Gründen in

Ungnade gefallen, in Haft genommen und wieder rehabilitiert, schrieb er wohl 1505–1508 seinen unvollendet gebliebenen *Esmeraldo de Situ Orbis* (trotz des lateinischen Titels in portugiesischer Sprache verfasst). Ein Kommentar seiner eigenen Reisen und der anderer Seefahrer, der auch die Koordinaten aller bisher bekannten Häfen enthält, war der Text möglicherweise als Zusammenstellung aller bis dahin gesammelter kosmographischer Erkenntnisse gedacht. Programmatisch ist sein Satz, die Erfahrung sei die »Mutter der Dinge«, durch die wir grundsätzlich die Wahrheit erfahren. Die Informationen in diesem geheimgehaltenen Manuskript wurden von Philipp II. von Spanien offenbar als wichtig genug erachtet, sie sich durch einen Spion, der fürstlich entlohnt wurde, 1573 beschaffen zu lassen. Der Text wurde erst 1892 veröffentlicht.

Pedro Nunes (1502–1578) war der bekannteste Mathematiker und Astronom Portugals seiner Epoche. Seine Berechnungen beziehen sich auf die Meridiane, die Anlage von Seekarten, verschiedene Mess- und Bestimmungsverfahren im Zusammenhang mit der Navigation, die sich angesichts der Reichweite der portugiesischen Fahrten vor bisher nicht gekannte Probleme gestellt sah (auch Kompassabweichung usw.). Er war Königlicher Kosmograph und lehrte auch an den Universitäten von Lissabon und Coimbra (Mathematik, Moral, Philosophie, Logik). Seine Schüler waren unter anderem der Infant Dom Luís, Dom João de Castro und der spätere ›Chef-Astronom‹ der Vatikanischen Sternwarte, Christoph Clavius. Sein *Tratado da Sphera* (1537) enthält neben der Übersetzung älterer mathematischer Schriften (auch Ptolemäus) zwei eigene Abhandlungen über Seekarten. Mathematisch fundiert ist auch *De*

Crepusculis (1542), eine Schrift über die Dauer der Dämmerung in verschiedenen Breiten.

Dom João de Castro (1500–1548), bei Hofe zusammen mit dem Infanten Dom Luís erzogen, hochgebildet, schlug die militärische Laufbahn ein, kämpfte in verschiedenen Feldzügen in Afrika, begleitete seinen zum Gouverneur ernannten Schwager nach Indien und kämpfte unter dessen Nachfolger im Roten Meer. Nach Portugal zurückgekehrt hatte er ein hohes Flottenkommando inne, kehrte als Gouverneur nach Indien zurück und wurde dort der vierte Vizekönig. Er starb in Goa. Er galt in seiner Zeit als Muster von Ehrlichkeit und Integrität. Die Beschreibungen seiner Fahrten – *Roteiro de Lisboa a Goa* (1538), *Roteiro de Goa a Diu* (1538–1539) und *Roteiro do Mar Roxo* (1540–1541) – enthalten detaillierte und reflektierte Beobachtungen von Naturphänomenen der besuchten Breiten, unter anderem zu Wettererscheinungen und Kompassabweichungen.

Garcia de Orta (1501–1568) entstammte einer Familie von offensichtlich zwangsbekehrten »Neuchristen«. Er studierte in Salamanca und Alcalá Medizin und lehrte Philosophie an der Universität Lissabon. 1534 reiste er als Arzt mit der Flotte Martim Afonso de Sousas, des späteren Gouverneurs der indischen Besitzungen, nach Indien. Er war Arzt mehrerer Vizekönige und einiger lokaler indischer Potentaten. Dank seiner Sprachkenntnisse und seiner vielfältigen Verbindungen – er handelte offenbar auch mit Gewürzen und Steinen – lernte er die verschiedensten Pflanzen und Heilkräuter Asiens kennen, betrieb wohl auch ein eigenes Laboratorium und einen botanischen Garten, studierte wohl als erster Europäer Tropenkrankheiten, besonders die Cholera, und nahm mit anderen Ärzten die erste Autopsie in Indien vor. Seiner Mutter und zwei seiner Schwestern, die in Lissabon unter der Inquisition zu leiden hatten, gelang es, nach Goa zu kommen. 1565 wurde auch dort die Inquisition eingeführt. Orta, der wohl im geheimen dem Judentum verbunden geblieben war, wurde von Martim Afonso de Sousa geschützt, entging einer Untersuchung und wahrscheinlichen Verurteilung aber wohl nur durch seinen Tod 1568. Eine seiner Schwestern starb ein Jahr später auf dem Scheiterhaufen. Garcia de Ortas Gebeine wurden 1580 exhumiert und im Rahmen eines Autodafés verbrannt. Sein Werk *Colóquios dos simples e drogas he cousas medicinais da Índia* (»Gespräche über Heilmittel, Heilpflanzen und die Medizin Indiens«, Goa 1561) besaß übrigens das Privileg des Vizekönigs und des Inquisitors. Das Buch wurde in Europa schnell bekannt und erschien in einer Reihe von Übersetzungen, gekürzten und bearbeiteten Ausgaben und kann als Standardwerk der frühen europäischen Tropenmedizin gelten. Es ist als Dialog zwischen Orta als einem Vertreter des Erfahrungswissens und dem Doktor Ruano als dem Vertreter der traditionellen aus der Antike überlieferten Schulmedizin konzipiert und weist den therapeutischen Wert des neuen Wissens auf.

Inwieweit aber gelang es der ›rationalistisch-empirischen Methode‹, außerhalb ihres Ursprungsgebiets Fuß zu fassen?

Die im 15. und 16. Jahrhundert im Rahmen der Erfahrungen und der Horizonterweiterung durch die Übersee-Unternehmungen Portugals in Gang gesetzte geistig-mentale Entwicklung mit ihren theoretisch-praktischen Ansätzen (wie von den oben genannten Männern vertreten), die den

Beginn der Aufklärung hätte weit vorverlegen und Portugal eine führende Rolle in diesem Prozess zuweisen können, fand in Portugal selbst kein ausreichendes Echo bzw. wurde spätestens im 17. Jahrhundert von gegenläufigen Kräften völlig erstickt. Verantwortlich dafür war vor allem die Scholastik, d.h. die Tradition, die orientiert und motiviert durch das Tridentinum und die gegenreformatorische Aktivität, gestützt auf weitverzweigte institutionelle Macht, vor allem aber die geistige Repression der Inquisition, dem neuen Denken ein Ende machte. Hinter dem Denken der traditionellen Kräfte stand eine durch das Tridentinum geförderte Vorstellung von der Homogenität der zu verteidigenden sozialen, geistigen und religiösen Strukturen, die als Block, als Ganzes zu erhalten oder zu verlieren waren und die sich folglich gegen jede Gefährdung der Autorität, auf welchem Gebiet auch immer, stellte. Im Bereich der Universität und ihr zugeordneter Institutionen lässt sich der Kampf zwischen dem neuen und dem letztlich siegreichen alten Denken am klarsten verfolgen.

Neben der gezielten Etablierung der Gegenreformation mögen andere Faktoren (Zusammenbruch des Orienttraums, Verlust der nationalen Eigenständigkeit etc.) mitgewirkt haben, dass »die progressistische Linie als solche in kurzer Zeit und fast ohne Spuren ihrer einstigen Existenz zu hinterlassen verschwand.« (J.S. da Silva Dias) Nur sind dies Faktoren, die im wesentlichen erst nach der Ausschaltung des Rationalismus und Empirismus der Entdeckerzeit wirksam wurden. Man muss wohl nicht zuletzt grundsätzliche strukturelle Schwächen dieses auf den ersten Blick so vital erscheinenden und sich auch in seinen frühen Äußerungen so dynamisch darstellenden neuen Geistes mitverantwortlich für sein letztliches Scheitern in Portugal machen. Als entscheidende strukturelle Schwäche kann etwa der »marginale Charakter« (Barreto 1987) des empirischen Rationalismus und der ihm verbundenen Inhalte gesehen werden. Außerhalb der Institutionen und abgesehen von Fragen wirtschaftlicher Rentabilität ist es ihm nie gelungen, seine kulturellen Programme im Allgemeinbewusstsein wirklich zu verankern oder sie auszuweiten. Er scheint – und dies dürfte wesentlich sein – einerseits weitgehend Spezialwissen geblieben zu sein, andererseits scheint unter dem massiven Anfall neu aufzunehmender Kenntnisse, einer Faszination durch das Merkwürdige, Neue, Bunte und Vielgestaltige, einer überwiegenden Tendenz zur raschen praktischen Instrumentalisierung und unmittelbaren Umsetzbarkeit dieses Wissens in Knowhow (die hier S. 87, 95, 101 erwähnten Geheimhaltungspraktiken zeigen bezeichnende Wertungskriterien), die wirkliche theoretische Fundierung, das Bewusstwerden und darüber hinaus die Interiorisierung einer neuen Epistemologie und Erkenntnisweise, die den geistigen Widerstand gegen das psychologisch und argumentativ geschickt präsentierte gegenreformatorische Denken hätte tragen können, zu kurz gekommen zu sein. Ein *Discours de la Méthode* wurde nicht geschrieben.

Während man in früheren triumphalistischen Phasen einer nationalistischen Geschichtsschreibung die portugiesischen Entdeckungen als die Erkenntnisleistung der abendländischen Geschichte schlechthin sah, ist man heute eher geneigt, ihren Stellenwert innerhalb der Entwicklung des europäischen Geisteslebens im oben ausgeführten Sinne zu bestimmen. Der Wissenschaftshistoriker Silva Dias weist darauf hin, dass in den großen Kompendien über die Wissenschaftsgeschichte dem Beitrag der portugiesischen Entdeckungen zur Entwicklung der modernen Wissenschaft nur wenig Platz eingeräumt wird. Erklärbar scheint ihm dies dadurch, dass die Entdeckungen eben nicht in der Linie der Spekulation und theoretischen Forschung lagen. Auch macht er deutlich, dass die Entdeckungen nur ein Faktor in der modernen Kultur waren und dass entscheidende Beiträge zur Formung des modernen Bewusstseins, auch und gerade im Sinne eines empirischen Rationalismus, im übrigen Europa geleistet worden waren. Die portugiesischen Entdeckungen spielen in dieser Perspektive freilich insofern eine wichtige, eher indirekte Rolle, als sie auch bei ausländischen Theoretikern Zweifel hinsichtlich der Inhalte, aber auch der Methoden des überlieferten Wissens bestärkten; indem sie, im Zusammenhang mit Faktoren wie Humanismus, Verbreitung der Druckerkunst, Veränderungen der Militärtechnik, Entwicklung von Handel und Industrie, das Gefühl der objektiven Realität des Fortschritts schufen. Francis Bacon z. B. beruft sich auf sie, um ausgehend von den tatsächlichen Entdeckungen solche auch in anderen Wissenszweigen für möglich zu halten. Insofern wirkten sie wie ein praktischer Beweis, der mithalf, die Geister auf die anthropozentrische und humanistische Sicht der Welt vorzubereiten. Dieser Beitrag Portugals zur Entwicklung des europäischen Geistes ist unbestritten.

Portugal definiert sich in der Tat fast bis in unsere Tage und ungeachtet seiner entschlossenen Zuwendung zu Europa durch die Ereignisse und Leistungen dieser Entdeckerzeit. Die Entdeckungen sind der tragende Mythos des portugiesischen Selbstverständnisses geworden, und wie ein echter Mythos sind sie auch vielfältigen, ja gegensätzlichen Auslegungen zugänglich. Leitete der Triumphalismus des autoritären *Estado Novo* im 20. Jahrhundert aus ihnen vor allem das Recht auf Andersartigkeit und Besserwissen in kolonialen Dingen und vor allem das Recht des Zuerst-Gekommenen gegenüber dem Rest Europas ab, neigt die moderne Selbstdarstellung Portugals eher dazu, die Entdeckungen als einen typischen Ausdruck europäischen Unternehmungs- und Forschergeistes zu sehen, der Portugal im 15. und 16. Jahrhundert zu den »Augen Europas« gemacht habe.

Portugiesische Kartographie der Entdeckerzeit – Seekarten und Weltkarten

Ein Beitrag, den Portugal im Rahmen des Entdeckungszeitalters erbracht hat und der eine nachhaltige Wirkung für die Zeitgenossen und die Zukunft ausübte, waren seine Leistungen im Bereich der Kartographie, seine Seekarten (*cartas de marear*) und ›Weltkarten‹. Auch wenn anzunehmen ist, dass manches durch eine ausgeprägte Geheimhaltungspolitik und radikale Beschränkungen der Möglichkeiten der Vervielfältigung und Weitergabe – der Verkauf von Seekarten an Ausländer war sogar bei Todesstrafe verboten – verlorengegangen bzw. nicht auf uns gekommen ist, konnten Forschung und Archivarbeit doch ein einigermaßen präzises Bild dieser Leistungen vermitteln.

Das Mittelalter kannte sogenannte Portulankarten für die Meere Europas und das Mittelmeer mit dem charakteristischen Liniennetz, das von sechzehn oder zweiunddreißig gleichmäßig verteilten Punkten oder einem Zentrum ausging und für die Kursbestimmung durch den Kompass hilfreich war.

Hinweise auf erste portugiesische Seekarten finden sich für die erste Hälfte des 15. Jahrhunderts, die Zeit Heinrichs des Seefahrers. Sie dürften den Portulankarten der Italiener und Katalanen entsprochen haben. Die beiden ältesten erhaltenen portugiesischen Seekarten datieren aus dem letzten Viertel des 15. Jahrhunderts. Sie zeigen die afrikanische Küste, die eine bis zum Rio do Lago, die andere (ca. 1485) bis zur Mündung des Kongo. Weitere Karten zeigten dann natürlich auch entferntere neu entdeckte Gebiete, den atlantischen Raum, den Indischen Ozean und auch die Meere »jenseits von Goa« bis Japan. Sie sind oft mit emblematischen Zeichnungen geschmückte Kunstwerke und tragen gelegentlich auch schriftliche Hinweise auf Besonderheiten des dargestellten Landes. Eine der bemerkenswertesten und ältesten erhaltenen portugiesischen Karten ist die ›Weltkarte‹ Alberto Cantinos (*planisfério de Cantino*), die geheime Kopie (1502) einer Karte, die in der *Casa de Guiné* in Lissabon ausgestellt war und die Cantino, offiziell Diplomat Ercoles I., Herzog von Ferrara, am Hofe Dom Manuels in Lissabon, in Kopie für seinen Herrn illegal besorgte. Sie zeigt in bemerkenswerter Aktualität die zeitgenössischen portugiesischen Entdeckungen einschließlich der Küste Brasiliens, Neufundland und natürlich Afrika und Indien.

Das Ausgreifen der portugiesischen Seefahrer auf weitere Räume brachte nicht nur neue navigatorische Probleme

(Positionsbestimmung, Kompassabweichungen etc.) mit sich, sondern auch solche der kartographischen Darstellung, besonders im Hinblick auf die Berücksichtigung der Erdkrümmung. Portugiesische Kartographen führten als erste die Gradierung von Längen- und Breitenlinien und die Markierung des Äquators ein. Pedro Nunes (1537) beschäftigte sich als erster ›wissenschaftlich‹ mit dem Verhältnis zwischen planer und sphärischer Darstellung, bei der gerade Linien zu gebogenen werden und sich die Gradabmessungen verändern. Seine Erkenntnisse und Vorarbeiten ermöglichten schließlich die Projektion auf der Karte des Flamen Gerhard Mercator (1569), eine Projektionsform, die im Prinzip und in gewissem Rahmen auch heute noch verwendet wird.

Zwischen 1509 und 1598 kennt man die Namen von zweiunddreißig portugiesischen Kartographen, deren Karten noch heute vorliegen. Zahlreiche weitere sind durch Hinweise und Erwähnungen bekannt. Die portugiesische Kartographie behält ihre führende Stellung noch weitgehend im 17. Jahrhundert. Freilich wird bereits im 16. Jahrhundert holländische Konkurrenz bemerkbar, in der Folge treten dann England und andere seefahrende Mächte auf den Plan.

Portugal in Personalunion mit Spanien (1580–1640) und der *Sebastianismo*

Epochenüberblick

Nach dem Tod des kinderlos gebliebenen Dom Sebastião in der Schlacht von Alcácer Quibir (1578) fällt Portugal in Personalunion an Philipp II. von Spanien (1580) und verbleibt dort bis 1640. Die portugiesische Geschichtsschreibung sieht diese Epoche häufig als ein sozusagen geschichtsloses unglückliches Intervall in der Geschichte ihres Landes. Wenn auch nominell noch ein Staat mit eigenen Institutionen, teilt es doch das Schicksal und erfährt Macht und Einfluss des schon selbst im Niedergang befindlichen großen Nachbarstaates. 1640 löst sich Portugal in einer Revolte von Spanien.

In den Jahren der spanischen Herrschaft formiert sich in Portugal als Ausdruck der Frustration der Mythos des *Sebastianismo*, der die Wiederkehr Dom Sebastiãos und, in Varianten, anderer Erretter Portugals und eine glanzvolle Zukunft verspricht. Dieser Mythos bleibt bis zur napoleonischen Zeit mehr oder weniger wirkmächtig und wird zum letzten Mal im Aufstand der brasilianischen Sertanejos von Canudos (1897) politisch wirksam.

1580–1583	Aufenthalt Philipps II. in Portugal
1598	Tod Philipps II. Philipp III. wird König (Philipp II. von Portugal)
1619	Besuch des Königs in Portugal
1621	Philipp IV. (III. von Portugal) wird König
1628–1637	Unruhen und Aufstände in Portugal
1630–1657	Herrschaft der Holländer in Pernambuco

1637 Eroberung von S. Jorge da Mina durch die Holländer
1640 »Restauration«: Wiederherstellung der Unabhängigkeit. Ausrufung Dom Joãos IV., des Herzogs von Bragança, zum König

Der Anschluss an Spanien

Nach dem Tod Dom Sebastiãos in der Schlacht von Alcácer-Quibir (1578) und einer kurzen Regentschaft unter dem greisen Kardinal Dom Henrique wurde Portugal durch Philipp II. in Personalunion mit Spanien vereinigt. Das 17. Jahrhundert gilt bis in seine zweite Hälfte in der europäischen Geschichte als ›das spanische Jahrhundert‹, wobei die spanische Herrschaft überwiegend mit Unterdrückung, Klerikalismus, Aberglauben, Inquisition und dergleichen identifiziert wird. In Portugal ist dies in der Regel nicht anders, wobei besonders der Aspekt des Verlustes der nationalen Selbständigkeit bzw. dessen Folgen in den Vordergrund gerückt werden. Eine differenziertere Sicht dieser Epoche muss freilich berücksichtigen, dass viele Übel – einschließlich der Inquisition –, die der spanischen Herrschaft zugeschrieben werden, auch in Portugal schon vorher existierten. Hinsichtlich einiger Gebiete seines Kolonialreichs, die Portugal verlor, da es durch Spanien in Konflikte mit den aufsteigenden neuen Großmächten hineingezogen wurde, muss man sich ernsthaft fragen, ob man sie Portugal nicht auch entrissen hätte, wenn es allein gestanden hätte. Andererseits vollzog sich während der ›Vereinigung‹ mit Spanien der für die Geschichte Brasiliens entscheidende Vorgang des Einsickerns der Portugiesen in den Raum, der westlich von der im Vertrag von Tordesillas festgelegten Grenze lag.

Ohne diesen Vorgang wäre Brasilien heute möglicherweise auf das Gebiet beschränkt, das östlich des durch Belém (Pará) laufenden Meridians liegt.

Philipp II. beschwor die Selbständigkeit Portugals, das nur in Personalunion, d.h. durch den gemeinsamen König, mit Spanien verbunden, sonst aber ein eigener Staat bleiben sollte. Unter Philipp II. wurde das auch im wesentlichen eingehalten, ja der König genoss sogar infolge seiner Freigebigkeit und der reichlichen Pensionen, die er verteilte – auch der Dichter Camões hätte eine solche bekommen sollen –, eine gewisse Achtung. Unter den Nachfolgern Philipps II. kam es dann zu erheblichen Eingriffen in die innere Selbständigkeit Portugals. In Lissabon regierten Statthalter der spanischen Könige; portugiesische Soldaten wurden zur Verteidigung spanischer Kolonien ausgehoben.

Und obwohl die Kontakte und Annäherungen, besonders im geistigen und literarischen Bereich, zwischen Spaniern und Portugiesen intensiv waren – namhafte portugiesische Autoren, z.B. Gil Vicente, aber auch viele andere, schrieben Teile ihres Werkes auf Spanisch –, hatten die Jahrzehnte des Anschlusses an Spanien die Erinnerung an fünfhundert Jahre nationaler Unabhängigkeit nicht löschen können, und mit Missständen und wirtschaftlichen Schwierigkeiten wuchsen die Ressentiments gegen das spanische Regiment. 1635 kam es zu Unruhen in Évora, in Arcozelo und Viana do Castelo, im Sommer des folgenden Jahres in Vila Real und in Lissabon. 1637 folgte eine Massenerhebung in Évora und im Algarve, die mehr als siebzig weitere lokale Revolten auslöste. Da eine zentrale Koordinierung fehlte, konnten diese Unruhen immer wieder von der spanischen Macht unterdrückt werden. 1640 brach ein

Aufstand in Katalonien los, der in großem Maße spanische Kräfte band und erst nach Jahren beendet werden konnte. In Portugal versuchten Agenten Richelieus, antispanische Affekte zu schüren, und stellten für den Fall eines Aufstandes sogar Hilfe in Aussicht.

Spätestens 1639 hatte sich in Adelskreisen eine Verschwörung formiert, unter deren heterogener Anhängerschaft sogenannte *filhos-segundos* (durch das Majorat von der materiellen Erbfolge ausgeschlossene Adelssöhne, die ihre eigene Karriere, meist im Militär, zu organisieren hatten) und Klienten und Nahestehende des mächtigen Hauses Bragança wichtige Kontingente bildeten. Das Haus Bragança ging auf einen illegitimen Sohn Joãos I. mit einer Tochter Nuno Álvares Pereiras zurück. Dom João, der Herzog von Bragança, wurde, nachdem er lange gezögert hatte, an die Spitze der Revolte gerufen. Am 1. Dezember 1640 wurde in Lissabon der Sitz der Regierung im Handstreich genommen, und nach kurzer Zeit war die spanische Herrschaft im Lande beseitigt. Die notwendige Legitimierung des Aktes erfolgte durch Bezugnahme auf heute als Fälschung erkannte Entscheidungen einer Ständeversammlung von 1143, der sogenannten *Cortes de Lamego*, die die Thronfolge derart regelten, dass der portugiesische Thron auch nach dem Tod Dom Sebastiãos und des Kardinals Henrique nicht vakant gewesen wäre und der Herzog von Bragança als Dom João IV. nur die ihm legitim zustehende Königswürde einnehme. Von Interesse ist, dass, ähnlich wie bei den Turbulenzen um die Thronbesteigung Dom Joãos I. (1385) nach dem Ende der burgundischen Dynastie die große Masse, vor allem das einfache Volk, sich in seiner Unterstützung des neuen portugiesischen Königs deutlich patriotischer zeigte als Teile des Adels, die sehr viel stärker, zum Teil verwandtschaftlich, mit Spanien verbunden waren.

Die nachfolgende militärische Auseinandersetzung mit Spanien dauerte achtundzwanzig Jahre. Ihre schließliche Beendigung war der Erschöpfung beider Länder zu danken.

Messianische Zukunftserwartungen: Sebastianismus und *Quinto Império*

Die spanische Herrschaft war auch der Nährboden eines für Europa zumindest in dieser Form und Intensität einzigartigen Phänomens von Mythenbildung, Esoterik und Aberglauben, das doch zeitweilig erhebliche politische Bedeutung hatte und als Motiv philosophischer und geschichtsinterpretatorischer Spekulation und künstlerischer Gestaltung bis in unser Jahrhundert gewirkt hat: des Sebastianismus.

Am Anfang des Sebastianismus stehen die *Trovas* des dichtenden Schusters Bandarra aus Trancoso, prophetische Verse, deren Dunkelheit möglicherweise auf sprachlichem Unvermögen und Verwirrung durch intellektuell nicht verarbeitetes, heterogenes zeitgenössisches und historisches Bildungsgut beruhte, darunter die Lektüre der Bibel in portugiesischer Sprache, auf Erklärungen dazu, die ihm von in der Messiaserwartung lebenden, wenig orthodoxen »Neuchristen« gegeben wurden, auf Volkspoesie und gesunkenem Kulturgut der höfischen Dichtung. Besonders eines dieser Elemente, der vermutlich aus Spanien kommende Mythos um das erwartete und erhoffte Erscheinen eines »Verhüllten« (*o Encoberto*), der den Zustand des Landes zum Besseren wenden werde, gab mit dem Tod des Königs Dom Sebastião bei Alcácer-Quibir den Versen Bandarras eine unerwartete Virulenz: Man erwartet unter der spanischen Herrschaft »an einem Nebeltag« die Rückkehr des verschwundenen Königs, der die Unabhängigkeit des Landes wieder herstellen würde. Bald erscheinen Abenteurer, die sich als der zurückgekehrte Dom Sebastião ausgeben; sie schaffen Unruhe und enden fast alle an den Galgen der spanischen Justiz. Mit der von Jahr zu Jahr wachsenden Unwahrscheinlichkeit der Rückkehr des Königs – dem nichtsdestoweniger einige in fernen Meeren begegnet zu sein vorgeben – erfährt die Erwartung immer neue Verkörperungen und sah sich mit der Restauration 1640, die ja zum Teil die sebastianistischen Hoffnungen erfüllte, in einer neuen Situation. Musste João IV. noch versprechen, im Falle einer Rückkehr Dom Sebastiãos diesem den Thron freizumachen, war man anderseits geneigt, den neuen König selbst als den *Encoberto* zu sehen. Hauptverfechter dieser These, die nach der Nichterfüllung weiterer Erwartungen in der Regierungszeit Joãos IV. auf die folgenden Herrscher übertragen wurde, war der Jesuitenpater António Vieira (1608–1697), eine der bemerkenswertesten Persönlichkeiten im Portugal des 17. Jahrhunderts. Wortmächtiger Prediger, Verteidiger der brasilianischen Indios gegen die Übergriffe der portugiesischen Verwaltung und der Kolonisten, Gefangener der Inquisition, vor deren Tribunal er sich ausschließlich anhand seines Breviers verteidigte, und schließlich Heimkehrer ins heimatliche Baía, wo er friedlich die letzten Jahre verbringt, verbindet Vieira in signifikanter Weise christlich begründete Humanität, praktischen Sinn und Klarsicht mit abenteuerlichen esoterischen

Spekulationen und einem seltsamen Wunderglauben. Er verknüpft den herkömmlichen Sebastianismus mit der Erwartung eines weltumspannenden »Fünften Reiches« (*o Quinto Império*, nach den vier ›Weltreichen‹ der Antike), das, weitgehend geistiger Natur, ein erstes Aufscheinen des Gottesreiches darstellen und dessen »Kaiser« der König von Portugal sein sollte. Wenn die konkrete Erwartung im Lauf des 18. Jahrhunderts an Boden und Intensität verliert, erlebt der Sebastianismus einen neuen Ausbruch während des napoleonischen Krieges und der Besetzung Portugals durch französische Truppen. Mit den Portugiesen war der Sebastianismus aber auch nach Brasilien gekommen, wo er sich vor allem im armen und traditionellen Nordosten, dem *Sertão*, verwurzelte und noch in der Predigt des António Conselheiro und dem Aufstand von Canudos (1897), der mit der Niedermetzelung tausender von *Sertanejos* durch die Truppen der Regierung endete, seine politische Wirkkraft offenbart. Im 20. Jahrhundert erscheint der Sebastianismus nur noch als ästhetisches und philosophisch-spekulatives Element, so etwa im *Saudosismo* Teixeira de Pascoais' und in Fernando Pessoas *Mensagem* (1934).

Man hat viel über das Phänomen des Sebastianismus als Ausdruck portugiesischen Welterlebens und einer spezifischen Welthaltung ›des Portugiesen‹, der aus dem Unbekannten die plötzliche Rettung erwartet, diskutiert und hypothetisiert. Für das 17. Jahrhundert können Wunderglauben und Sebastianismus sicher als Ausdruck einer Defizit-Erfahrung und Frustration an der eigenen Gegenwart verstanden werden. Mit der Vorstellung, Gott greife direkt ins Weltgeschehen bis hinunter in die Alltagsexistenz ein und Portugal stehe gewissermaßen als Geschenk eine glänzende Zukunft bevor, kompensiert man die Erfahrung der Inferiorität, der Nichtachtung des einst mächtigen Landes durch die aufsteigenden Mächte, der materiellen Verluste und des Unvermögens, mit den gegebenen geistigen und moralischen Möglichkeiten das Gewünschte zu realisieren.

Von der Restauration zum aufgeklärten Absolutismus. Das 17. und 18. Jahrhundert

Epochenüberblick

Dom João IV. (1640–1656) begründet die Dynastie Bragança, die bis 1910 in Portugal regieren wird. Er übernimmt ein Land, das durch die fortdauernde kriegerische Auseinandersetzung mit Spanien weiter verarmte und nur nach und nach von ausländischen Mächten als wiederum eigener Staat anerkannt wurde. Unter seinen Nachfolgern werden erste Entwicklungen zum Absolutismus erkennbar, wobei freilich die Macht des Königs durch die prekäre finanzielle Lage eingeschränkt bleibt. Daneben agiert die Inquisition eigenständig. Sie wirkt nicht nur durch reale gewaltsame Restriktionen, sondern erzeugt auf die Dauer ein geistiges Klima, das das Land zumindest bis zum Ende des 18. Jahrhunderts negativ prägen sollte.

Die finanzielle Situation ändert sich fast schlagartig, als 1699 in Brasilien Gold, später auch Diamanten gefunden werden. João V. (1706–1750) ist einer der reichsten Herrscher seiner Zeit. Freilich wird der Geldsegen infolge maßloser Prunkentfaltung des Hofes, des allgemein verbreiteten Imports von Luxusgütern, großzügiger Schenkungen an die Kirche, die zur Versorgungsinstitution tausender untätiger Kleriker aller Rangstufen wird, wenig effizient und vorausschauend eingesetzt.

Nach dem Tod Joãos V. tritt unter seinem Nachfolger José I. (1750–1777), der allerdings gegenüber seinem Minister, dem nachmaligen Marquês de Pombal, fast völlig zurücktritt, ein brüsker Wechsel in Portugal ein. Die Aufklärung erreicht das Land in der Person des Ministers, der sich zunächst als energischer Organisator nach dem verheerenden Erdbeben von Lissabon 1755 profiliert und dann ein umfassendes Reformprogramm in Angriff nimmt. Gegner, etwa aus dem Hochadel oder aus dem Jesuitenorden, werden brutal ausgeschaltet (auch durch Hinrichtungen). Die Jesuiten lässt er 1759 außer Landes bringen. Sein Reformprogramm umfasst die rationale Regelung des Handels mit den Überseebesitzungen, die Organisation des landwirtschaftlichen Anbaus im Inland mit der Festlegung von Anbauzonen (Wein etc.) sowie das Bildungswesen.

Nach dem Tod Josés I. tritt Pombal zurück. Dona Maria I. (1777–1792) nimmt seine Reformen zum Teil zurück, zum Teil führt sie sie weiter und schützt Pombal vor seinen Gegnern, die seinen Kopf fordern. Da die Königin mit zunehmendem Alter an religiös inspirierten Wahnvorstellungen leidet, übernimmt ihr Sohn João, der spätere Dom João VI., 1792 die Regierung.

1640–1656	Dom João IV.
1641–1668	Krieg gegen Spanien
1641	Verlust Malakkas, São Tomés und Luandas an die Holländer. Rückeroberung Luandas und São Tomés 1648
1653–1665	Verlust der meisten Besitzungen in Asien
1657	Rückeroberung Pernambucos
1656–1662	Regentschaft durch die Königinmutter Luisa de Guzmán für den minderjährigen Thronfolger
1662–1667	Dom Afonso VI.

1667	Absetzung Dom Afonsos VI. Regentschaft Dom Pedros, des Bruders des Königs und späteren Dom Pedro II., bis zum Tod Dom Afonsos 1682
1668	Anerkennung der Unabhängigkeit Portugals durch Spanien
1683–1706	Dom Pedro II.
1697/1698	Letztes Zusammentreten der Cortes
1698	Eroberung Mombasas durch Portugal
1699	Erste Goldlieferungen aus Brasilien
1703	Handelsabkommen (Methuen-Vertrag) mit England
1703–1713	Involvierung im Spanischen Erbfolgekrieg
1706–1750	Dom João V.
1720	Höhepunkt des Goldabbaus in Brasilien
1750–1777	Dom José I.
1750	Sebastião de Carvalho, Graf von Oeiras, zukünftiger Marquês de Pombal, wird Außenminister.
1755	Erdbeben von Lissabon
1756	Organisation des Wiederaufbaus Lissabons durch Sebastião de Carvalho, nun erster Minister des Königs
1758	Attentat auf den König
1759	Vertreibung der Jesuiten. Beginn eines umfassenden Reformprogramms
1761	Abschaffung der Sklaverei im portugiesischen Mutterland
1763	Rio de Janeiro wird Sitz des Generalgouverneurs in Brasilien
1774	Abschaffung der Inquisition in Goa
1777	Nach dem Tod Dom Josés I. Rücktritt des Marquês de Pombal
1777–1786/1792	Dom Pedro III. († 1786) und Dona Maria I. (bis 1792), die die eigentliche Regierung führt

1779	Gründung der Königlichen Akademie der Wissenschaften
1789	Hinrichtung des Tiradentes, Haupt der separatistischen Verschwörung »Inconfidência Mineira« (Minas Gerais /Brasilien)
1792	Maria I. verfällt dem Wahnsinn. Machtübernahme durch den Thronfolger Dom João (später Dom João VI.)

Von João IV. bis João V. (1640–1750)

João IV. (1640–1656) ist der Begründer der dritten Dynastie, der Bragança, die Portugal bis 1910 regieren sollte. João war nicht zum König geboren, seine Gegner nannten ihn feig und kleinmütig. Um seine Aufgabe war er allerdings nicht zu beneiden, musste er doch mit einem erschöpften Land einen hinhaltenden kriegerischen Konflikt mit Spanien bestehen, das sich mit der Situation nicht abfand. Portugal verdankt seinen schließlichen Sieg wohl wesentlich der Tatsache, dass Spanien ebenso geschwächt war wie es selbst.

João IV. taktierte vor allem auf dem diplomatischen Parkett, wo man sich dem neuen Portugal gegenüber zunächst etwas reserviert verhielt, mit großem Geschick, wobei er sich der Hilfe Frankreichs bzw. Englands zu versichern suchte, ohne allzusehr in Abhängigkeit von ihnen zu gelangen. Einige der Zugeständnisse, die in diesem Rahmen gemacht werden mussten, werden von einer patriotischen Geschichtsschreibung oft als ›Verluste‹ der spanischen Herrschaft angelastet, sind aber eigentlich Folgen der Restauration. Portugal ist unverkennbar eine Macht zweiter oder dritter Ordnung geworden. Der kriegerische Konflikt mit Spanien wird sich über die Regierungszeit Joãos IV. bis 1668 hinziehen.

Unter den Nachfolgern Joãos IV. kam es zu inneren Rivalitäten. Afonso VI. war vermutlich geisteskrank und wurde abgesetzt. Mit der Thronbesteigung seines Bruders Pedro II. (1683–1706), der an der Entmündigung Dom Afonsos maßgeblich beteiligt war und bis zu dessen Tod die Regentschaft innehatte, lässt man gern das Zeitalter des Absolutismus in Portugal beginnen. Dies ist freilich nur insofern richtig, als unter seiner Herrschaft der dritte Stand weiter an Einflussmöglichkeiten verlor und die Ständeversammlung der Cortes zum letzten Mal zusammentrat (1697/1698). Nach wie vor freilich hatte der König auf Klerus und Adel Rücksicht zu nehmen, während die Inquisition praktisch selbständig schaltete und waltete. Die kritische Finanzlage setzte dem Machtanspruch des Königs generelle Grenzen.

Beim Studium des portugiesischen 17. Jahrhunderts, vor allem seiner Kultur, drängt sich dem Betrachter trotz bedeutender Ereignisse wie der Wiedergewinnung der nationalen Unabhängigkeit und der letztlich erfolgreichen Beendigung des Konfliktes mit Spanien ein Eindruck von Stillstand und Blockierung auf. Diese sind sicherlich das Ergebnis einer allgemeinen Erschöpfung und Desillusionierung, aber auch des Wirkens einer Institution, deren – im Verständnis des modernen Betrachters fast ausschließlich negativer – Einfluss auf die Geschichte der iberischen Völker kaum überschätzt werden kann: der Inquisition.

Die Anfänge der Inquisition liegen im Mittelalter, wo sie im 13. Jahrhundert im Kampf der Papstkirche gegen ketzerische und heterodoxe Bewegungen in Südfrankreich (Waldenser, Katharer) schon voll in Aktion trat. Sie wurde auf Wunsch des Königs 1536 in Portugal eingeführt, und zwar im Zusammenhang mit dem Verdacht, viele konvertierte Juden (»Neuchristen«) hingen weiterhin im geheimen dem Judentum an. Neben religiösem Eiferertum war vor allem die im Falle der Überführung des Beschuldigten fällige Konfiszierung seines Eigentums ein wesentlicher Impuls für diese Maßnahme, die innerhalb des Landes eine Institution schuf, die auch in Epochen fortschreitenden sozialen Verfalls, von Korruption und Schlendrian, ihre Ziele mit bemerkenswerter Energie und Effizienz verfolgte und noch in der ersten Hälfte des 18. Jahrhunderts eine erhebliche Einschränkung der Macht des Monarchen darstellte.

Die erste Ketzerverbrennung (*autodafé*) fand 1540 statt, bis 1684 wurden insgesamt 1379 Personen hingerichtet; danach sank die Quote, obwohl die Hinrichtungen noch bis in die Epoche des Aufklärers Pombal fortdauerten, der sich selbst der Inquisition zur Beseitigung politischer Gegner, so des Jesuiten Malagrida, bediente.

So tragisch und abstoßend die physische Vernichtung Andersdenkender in ritualisierten religiösen Spektakeln ist, so hält sich doch die Zahl der Hingerichteten angesichts der zeitüblichen Justizpraktiken durchaus in Grenzen. Nicht jeder, gegen den die Inquisition ermittelte oder ein Verfahren eröffnete, endete auf dem Scheiterhaufen. Es gab eine reiche Palette milderer Strafen bis hin zur bloßen Verwarnung, und auch bei einem nur flüchtigen Blick auf die portugiesische Geistesgeschichte dieser Epoche stößt man immer wieder auf Personen, die ein Inquisitionsverfahren mit heiler Haut überstanden. Faktisch weittragend waren die indirekten Folgen der Inquisition. Sie übte Wirkungen aus, die in einem 250 Jahre dauernden Prozess und noch lange über das Bestehen dieser Institution hinaus den kulturellen und mentalen Charakter des Landes zutiefst prägen sollten. Die Flucht einer erheblichen Zahl von »Neuchristen«, die es in ihren Aufnahmeländern England, Holland oder Italien zu großem Reichtum und hohen sozialen Positionen bringen und das Geistesleben dieser Länder bereichern sollten, bedeutete für Portugal einen herben Verlust geistiger, aber auch, da es sich oft um handwerklich hochqualifizierte Kräfte handelte, praktischer Potenzen.

Im Land selbst etablierte die Inquisition ein allgemeines Denunziantentum, in dem die Anzeige tatsächlicher oder vermuteter religiöser Verstöße oft geringen Gewichts zur religiösen Pflicht gemacht wurde. Dass die bewusst und mit Systematik geübte gegenseitige Dauerbespitzelung, als durchgehendes gesellschaftliches Faktum und über längere Zeit vollzogen, mentale Haltungen sehr eigentümlicher Art erzeugen muss, ist einsichtig. Daneben beeinflusste die Inquisition das intellektuelle Leben entscheidend, was besonders in der fast totalen Kontrolle des Schrifttums fassbar wird: Während der zweiten Hälfte des 16. und durch das ganze 17. Jahrhundert war Portugal gewissermaßen vom geistigen Leben des übrigen Europa abgeschnitten; die stürmische Entwicklung auf dem Gebiet der Naturwissenschaften und der Mathematik, aber auch der philosophischen Reflexion wurde in Portugal nicht mitvollzogen. Für die inländische kulturelle Produktion gilt es, alles zu vermeiden, was Probleme aufwerfen und das Interesse der Inquisition erregen könnte. Kunst und Literatur konzentrieren sich auf die Form; stilistische Künstlichkeit bezeugt nicht nur die Virtuosität des Dichters oder Künstlers, sie kann auch zum Träger bewusst gesuchter Ambiguität werden – sofern man nicht überhaupt Themenbereiche wählt, die unbedenklich sind, etwa Hagiographisches, Erbauliches, Lob- und Feierschriften für den Herrscher etc. Kurzum: es werden eine Mentalität und Intellektualität sowie Wissensstrukturen aufgebaut, die kaum realitätsbezogen oder kritisch waren. So hatte wohl die Inquisition gleich zu Beginn ihres Wirkens in Portugal den wissenschaftlichen Humanismus der Entdeckerzeit abgewürgt. Im 17. und weitgehend noch im 18. Jahrhundert, als in Frankreich und England rational durchdachte Wirtschaftsphilosophien und -strategien entstehen, macht das fast totale Unverständnis der führenden Klassen in Portugal für ökonomische Zusammenhänge das weitgehende Fehlen einer empirischen und rationalen Intellektualität offenbar. Dass die Lethargie, die im 17. Jahrhundert auf dem Land lastet, zumindest zu einem großen Teil eine Folge der Inquisition ist, scheint unbestreitbar. Ein anderer Grund könnte demographischer Art sein: der Verlust von Unternehmungsgeist, Wagemut und Energie, den das Land durch einen steten mehrhundertjährigen Aus- oder Abwandererfluss erfährt.

Die sehr kritische wirtschaftliche Situation Portugals schien sich schlagartig zu bessern, als 1699 in Brasilien Gold, später auch Diamanten gefunden wurden, die Dom Pedros Nachfolger João V. zum reichsten Monarchen Europas machen sollten. Die lange Regierungszeit Joãos V. gehört – vielleicht nicht zuletzt infolge des Aufbaus eines starken Heeres – zu den friedlichsten Epochen der portugiesischen Geschichte.

João V. (1706–1750) hatte von seinem Vater Pedro die große Herrschergeste des Königs von Gottes Gnaden geerbt und gelernt. Unter seiner Regierung wurde der Hof zu einem der prunkvollsten Europas, die Kirche zu einer der reichsten im Abendland, und zu einer der korruptesten. Der König förderte in hohem Maße Kunst und Wissenschaft. Er ließ Bibliotheken anlegen (Coimbra, Mafra) und unterstützte Künstler durch großzügige Stipendien. Hunderte von Portugiesen studierten im Ausland, vor allem in Italien. Andererseits strömten Ausländer, vor allem Musiker, nach Portugal. Einer der berühmtesten war Domenico Scarlatti, der die Prinzessin Maria Bárbara im Klavierspiel unterrichtete und gleichzeitig portugiesische Musiker unterwies. Der König selbst nahm am kulturellen Geschehen regen Anteil. João V., der oft als abergläubisch und bigott erscheint und als eitler und größenwahnsinniger Narr und Verschwender dargestellt wird – der Romancier José Saramago dürfte mit seinem Roman *Memorial do Convento* (1982), der unter anderem den Bau des Klosters Mafra behandelt, den Ruf dieses Monarchen endgültig ruiniert haben – war sicher einer der kultiviertesten Herrscher Portugals.

Ein zweifellos auf den heutigen Betrachter zwiespältig wirkendes Denkmal setzte sich der König mit dem Bau des Klosterpalastes von Mafra, der das größte Gebäude Portugals werden und mit dem Escorial wetteifern sollte. Auf ein Gelöbnis des Königs zurückgehend erfolgte 1716 die Grundsteinlegung. Baumeister war der deutsche Architekt Friedrich Ludwig (Ludovice). Die Arbeiten in Mafra, das durch seine riesenhaften Ausmaße beeindruckt und künstlerisch zumindest durch den Statuenschmuck der Basilika bedeutsam ist, dauerten siebenundzwanzig Jahre, verschlangen Unsummen und wurden zum Teil durch gewaltsam gepresste Arbeiter, die von Soldaten bewacht wurden, ausgeführt. Überhaupt war der König der Kirche gegenüber mehr als großzügig und unterhielt in seinem Land ein Heer von Klerikern, Mönchen und Bediensteten, die zu einem großen Teil dem Müßiggang lebten.

Die Geschichtsschreibung widmet sich immer wieder der Frage, was aus dem Reichtum des brasilianischen Goldes geworden sei und wieso er wie eine Welle über Portugal hinwegging und schließlich das Land im wesentlich gleichen desolaten Zustand wie zuvor zurückließ. Der häufige Hinweis auf die Verschwendungssucht des Hofes bleibt als Erklärung insofern fragwürdig, als nur ein Fünftel des brasilianischen Goldes bzw. seines Wertes an den König oder an den Staat fiel. Was wurde aus den übrigen vier Fünfteln? Eine patriotische Geschichtsschreibung weist gern darauf hin, dass der ganze Reichtum ins Ausland geflossen und Portugal nichts geblieben sei. Diese in der Regel mit vorwurfsvollem Unterton und als Feststellung fast einer Ungerechtigkeit formulierte Sicht kommt insofern der Wahrheit doch etwas nahe, als es Portugal – mit einigen wenigen punktuellen Ausnahmen – eben nicht gelang, den Reichtum so zu investieren und zu kanalisieren, dass er sich reproduzierte, also durch Förderung von Gewerbe und den Anfängen von Industrie. Der Reichtum floss in den Konsum von Importprodukten. Das einzige ›Portugiesische‹ am Bau von Mafra z. B. waren, pointiert gesprochen, die portugiesischen Zwangsarbeiter und der bei Pêro Pinheiro gebrochene Marmor.

Der aufgeklärte Absolutismus Pombals

1750 stirbt João V., ein glänzender Souverän eines späten Barock mit allen Vorzügen und Fehlern, die ein Herrscher dieser Zeit entwickeln konnte. Nachfolger wird sein Sohn José I. (1750–1777), dessen Regierung aber gewöhnlich als die Zeit Pombals, des großen Reformers, gilt.

Die Ernennung Sebastião José de Carvalho e Melos, des späteren Marquês de Pombal, zum »Minister des Reiches« brachte einen bis dahin wenig auffälligen, ja im Urteil mancher Zeitgenossen zumindest bis dahin eher mittelmäßigen bis bornierten Geist ins Zentrum der Macht. Er hatte als Diplomat Jahre in England und Österreich verbracht und war mit einer Angehörigen der hochangesehenen Familie des kaiserlichen Feldmarschalls Daun verheiratet. Der alte König João V. hatte Pombal nie gemocht; er habe »Haare auf dem Herzen« – ein Urteil, das nicht ganz unrichtig war. Immerhin hatte Pombal als Minister den Vorteil, dass er keiner der rivalisierenden Gruppen am Hof angehörte; auf diese Weise konnte er auch, solange der König ihn stützte, was weiterhin der Fall sein sollte, relativ ungestört planen und handeln.

Die ersten Reformen, die Pombal durchführte, waren längst notwendige Maßnahmen zur Regelung des Handels in Portugal und den Überseebesitzungen, wie Zollermäßigungen für Tabak und Zucker, ein Ausfuhrverbot für Geld, die Organisierung des Diamantenhandels und die Gründung der *Grão-Pará*-Gesellschaft (1755). Und wie er sich vorher bereits, freilich erfolglos, mit dem Hochadel angelegt hatte, zeichnete sich nun ein Konflikt mit dem Jesuitenorden ab, der andere Vorstellungen von der Organisation des Lebens vor allem der Eingeborenen Südamerikas hatte und dessen wirtschaftliche Grundlage in Brasilien durch die Gründung der *Grão-Pará*-Gesellschaft bedroht war. Bis 1759 ist die Regierungszeit Pombals ein Kampf mit dem Jesuitenorden.

Am 1. November 1755 legte ein gewaltiges Erdbeben halb Lissabon in Trümmer. Der Königspalast mit der kostbaren Bibliothek Joãos V., die Oper, das Castelo São Jorge, die Archive, viele Adelspaläste und dreißig Klöster sowie zahllose Privathäuser stürzten ein, verbrannten oder wurden durch Flutwellen des Tejo zerstört. Zwischen 10 000 und 60 000 Menschen kamen ums Leben – ein Ereignis, das in ganz Europa ein erschüttertes Echo hervorrief und die Intellektuellen, unter anderem Voltaire, Rousseau, Kleist und Goethe, tief beeindruckte, da es radikale Fragen nach der Theodizee, aber auch der Güte und Sinnhaftigkeit der Natur aufwarf.

Pombal verstand die Katastrophe als seine politische Chance. Fieberhaft, unter Überspielung anderer Zuständigkeiten, organisierte er die Aufräumarbeiten und projektierte bald ein ganz in Staatsregie vollzogenes Aufbauwerk, vor allem der Lissaboner Unterstadt, in der das Schachbrettmuster der Straßen und klare Linien an die Stelle des Gewirrs der mittelalterlichen engen Gassen, die einst dort den Königspalast umgaben, traten.

Auch hier kam es zu Zusammenstößen mit fanatischen Geistlichen, die dem Volk das Unglück als Strafe Gottes für eine gottlose Regierung darzustellen suchten. Indes setzte Pombal sein Reformwerk fort: Nach merkantilistischen Grundsätzen wurde die Wirtschaft des Landes umorganisiert. Anlässlich der Gründung der Weinanbau-Gesellschaft am oberen Douro (1756), die mit Zwangsmaßnahmen gegen die Bevölkerung verbunden war – man ließ unerwünschte Weinberge durch Truppen verwüsten, die umsiedelungsunwillige Bevölkerung eines Fischerdorfes wurde durch Niederbrennen ihrer Hütten ›überzeugt‹ –, kam es in Porto zu Unruhen, die durch Soldaten niedergeschlagen wurden. Fünfundzwanzig Hauptbeteiligte, darunter ein Richter, wurden hingerichtet.

Anschläge auf Pombal wurden mit Aktionen gegen den Jesuitenorden und die Adelsopposition beantwortet. Als es zu einem Anschlag auf den König kam (1758), wurden nach geheimen Ermittlungen der Polizei zahlreiche Mitglieder der Adelsfamilien Aveiro, Távora und anderer verhaftet und nach einem Prozess, dessen Hintergründe wohl immer im Dunkeln bleiben, auf grauenhafte Weise öffentlich hingerichtet (1759). Der im Ruche der Heiligkeit lebende Jesuit und Brasilienmissionar Malagrida, der der Teilnahme an der Verschwörung beschuldigt worden und im Gefängnis wahnsinnig geworden war, wurde unter einem theologischen Vorwand der Inquisition übergeben und endete auf dem Scheiterhaufen. 1759 ließ Pombal alle Jesuiten außer Landes bringen, 1773 wurde der Orden vom Papst verboten.

Es ist viel Tinte darüber geflossen, wie die Tätigkeit des Jesuitenordens in dieser Zeit zu beurteilen sei, in der ganz Europa gegen ihn Front machte. Fortschrittlich oder liberal im Rahmen der Gegenreformation – die Jesuiten waren entschiedene Gegner der Inquisition – waren sie doch durch ihre fast totale Beherrschung des Bildungswesens Vorkämpfer antiaufklärerischen Denkens. Das Streben des

Ordens nach Macht und Einfluss nicht nur im Staat, sondern über den Staat war offensichtlich – doch waren sie darin nicht die einzigen. Die wirtschaftliche Macht des Ordens war beträchtlich. Man sollte freilich bei alldem nicht vergessen, dass sie in einem guten Teil Europas ein geradezu willkommener Staatsfeind waren wie zu anderen Zeiten andere Gruppen, dass mancher Angriff gegen sie Alibifunktion für das Versagen des Souveräns hatte und dass sich gerade in ihrer Tätigkeit in Südamerika ihr Konzept der rücksichtsvollen und humanen Akkulturation der Indios positiv vom Ausbeutungs- und Versklavungskonzept der Siedler und der Handelsgesellschaften unterschied. Es ist weiterhin eine Tatsache, dass, wo immer man mit nackter staatlicher Gewalt gegen den Orden vorging, ihm trotz seiner angeblich ungeheuren Macht kaum eine Möglichkeit der Gegenwehr gegeben war.

Nach 1759 beginnt Pombal sein Reformwerk in großem Stil. Eine soziale Umschichtung beziehungsweise gerechtere Verteilung der sozialen Lasten im Lande wird Schritt für Schritt durchgeführt. Das Bildungswesen wird neu organisiert, zum Teil in staatliche Obhut gelegt, zum Teil auch in der Hand der Orden belassen. Das Reformwerk Pombals kann als ein entschlossener Versuch gesehen werden, Portugal aus zum Teil mittelalterlichen Verhältnissen zu einem modernen Staat zu machen. Freilich litt sein Werk unter dem Grundwiderspruch des aufgeklärten Absolutismus schlechthin, Menschen mit staatlicher Repression zur Mündigkeit – wenn Pombal denn Aufklärung in diesem Sinne verstand – zu erziehen, sie ›glücklich‹ zu machen, ehe sie selbst es wollten. Darüber hinaus ließen viele seiner Versuche Verständnis für organische und systemische Zusammenhänge vermissen – viele seiner Wirtschaftsmaßnahmen erwiesen sich als Fehlschläge – und durch seine Härte und starre Geradlinigkeit schuf er sich unnötigerweise Feinde. »Von der Parteien Gunst und Hass verwirrt / schwankt sein Charakterbild in der Geschichte« (Schiller) – das gilt in besonderer Weise auch von Pombal.

Als José I. starb (1777), reichte auch Pombal seinen Rücktritt ein. Der neuen Königin, Maria I. (1777–1792), der ihr Gemahl, Dom Pedro III. (1777–1786) praktisch die Regierung überließ, wurde oft der Vorwurf gemacht, sie habe das Reformwerk Pombals zerstört. Das mag zum Teil der Fall sein, zum Teil aber versuchte sie auch nur, denjenigen, die durch Maßnahmen Pombals zu Schaden gekommen waren, persönliche Wiedergutmachung zu leisten. Den Ausbau des Bildungswesens führte sie energisch weiter. Auf ihre Initiative wurde 1779 die *Academia das Ciências* (Akademie der Wissenschaften) gegründet. Die *Casa Pia*, als Erziehungs- und Arbeitsinstitution für Ärmste und Randgruppen der Hauptstadt konzipiert, entwickelte sich in ihrer Zeit zu einer Art ›Volksuniversität‹, jedenfalls einer modernen und ernstzunehmenden Bildungseinrichtung. Finanziell ruinöse Maßnahmen Pombals, die die Staatskasse schwer belasteten – die Königin war sehr sparsam – wurden aufgehoben. Den achtzigjährigen Ex-Minister selbst schützte sie angesichts seiner Gegner, die nun seinen Kopf forderten; ihren Skrupeln ist es jedenfalls zu danken, dass er die letzten Jahre seines Lebens in relativer Sicherheit im Exil auf seinem Landsitz zubringen konnte.

Die Königin, die zeit ihres Lebens sehr religiös gewesen

war, verfiel im Alter mehr und mehr Wahnvorstellungen. 1792 übernahm ihr Sohn João (später João VI.) die Regierungsgeschäfte. Mit ihm – in gewissem Sinn eher ohne ihn! – geht Portugal durch die Wirren der Französischen Revolution und der napoleonischen Kriege.

Die politische und soziale Geschichte Portugals im 19. Jahrhundert bis 1910

Epochenüberblick

Im 19. Jahrhundert erlebt Portugal den Übergang vom Absolutismus und Feudalstaat zum konstitutionellen Staat, das zunehmende politische Erstarken des Bürgertums, das unter liberalen Vorzeichen die alten staatstragenden Mächte Adel und Klerus entmachtet, als Großbürgertum seine zunehmende wirtschaftliche Stärke zur Geltung bringt und sich dabei aber von den Massen des Kleinbürgertums entfernt, das sich im liberalen und republikanischen Sinn zunehmend radikalisiert. Das Ende dieser Entwicklung wird die Beseitigung der Monarchie im Jahre 1910 sein.

Die napoleonischen Kriege machen deutlich, dass Portugal im Rahmen wechselnder Allianzen zum Verhandlungsgegenstand unter den beteiligten Großmächten zu werden droht. Die Königsfamilie flieht auf britischen Schiffen nach Brasilien. Portugal wird zeitweilig Kampfgebiet. Nach Beendigung des Krieges befreit sich Portugal von seinem Verbündeten England durch eine in Porto ausbrechende liberale Revolution (1820).

Die Epoche von 1820 bis 1853 ist als Ausprägung des politischen Liberalismus eine der chaotischsten in der Geschichte des Landes. Streitobjekt bzw. politisches Emblem der kämpfenden Parteien sind im wesentlichen zwei Verfassungen, eine radikal liberale (1822) und eine konservativere (1826). Kompliziert wird der Konflikt durch das Zögern des Königs João VI., nach Portugal zurückzukehren, bzw. das offensichtliche Taktieren der Braganças, sowohl den Thron von Portugal als auch den des 1822 unabhängig gewordenen Brasilien in der Familie zu halten. In diesen Wirren kommt es sogar zu einem sechs- bzw. vierjährigen absolutistischen Zwischenspiel (*Miguelismo*, 1828–1834).

1832 erfolgt durch den Minister Mouzinho de Silveira ein umfassendes Reformwerk, das – vor allem im Hinblick auf die Aufhebung der Privilegien des Adels und der Kirche – das Ende des alten feudalen Portugal bedeutete. Dessen ungeachtet wurde neben den Folgen von Krieg, Bürgerkrieg und Wirren auch der Verlust Brasiliens schmerzlich spürbar. Der Verfassungsstreit tobte, zum Teil gewaltsam, weiter.

Schließlich führte 1853 eine Revolte zur Etablierung eines Regimes von Fachleuten mit Rückhalt in einem weiten Spektrum von gemäßigten und bürgerlichen Kräften, das stabil, wirtschaftlich orientiert und pragmatisch bis in die achtziger und neunziger Jahre die Geschicke Portugals steuerte (*Fontismo*, nach António Maria Fontes Pereira de Melo). Fontes konzentrierte sich vor allem auf den Ausbau der Verkehrswege und insgesamt der wirtschaftlichen Struktur des Landes und erzeugte den Eindruck eines wirtschaftlich potenten vorwärtsschreitenden Landes. Die enormen Kosten wurden durch Steuererhöhungen und Anleihen, vor allem aber durch ausländische Kredite, aufgebracht, die schließlich die Leistungskraft des Landes überschreiten mussten – ein System freilich, von dem die unteren Klassen, aber auch das Kleinbürgertum, kaum profitierten, wenn sich ihre materielle Situation nicht gar verschlechterte.

In dieser Epoche erreicht der Abnützungsprozess der Monarchie, wie er seit den vierziger Jahren erkennbar wurde, einen weiteren Höhepunkt. Politische Gruppierungen radikalliberalen, republikanischen und sozialistischen Zuschnitts organisierten sich und traten auf den Plan, die die öffentliche Meinung beherrschenden Intellektuellen standen fast geschlossen gegen die Monarchie. Unter der ständigen Agitation löste sich die alte Parteienkonstellation auf. Die verstärkte Zuwendung Portugals zu seinen Kolonien und die Entwicklungsversuche änderten nichts an der Situation im Mutterland.

1908 fallen König und Kronprinz einem Attentat zum Opfer. Der Nachfolger, Dom Manuel II., kann die Entwicklung nicht mehr umkehren. 1910 wird die Republik ausgerufen. Die Königsfamilie verlässt das Land.

1793–1795	Allianz mit Spanien gegen das revolutionäre Frankreich
1796	Umschwenken Spaniens auf die Seite Frankreichs
1801	Einfall der Spanier. Abtretung von Olivença an Spanien
1807–1811	Besetzung Portugals durch Junot, Soult und Masséna. Flucht der Königsfamilie nach Brasilien
1810	Sieg Wellingtons über die Franzosen bei Buçaco
1816–1826	Dom João VI.
1817	Liberale Verschwörung unter Gomes Freire de Andrade
1820	Erfolgreiche liberale Revolution in Porto und Lissabon
1821	Rückkehr Dom Joãos VI. nach Portugal
1822	Liberale Verfassung. Unabhängigkeit Brasiliens. Dom Pedro I. (später Dom Pedro IV. von Portugal) Kaiser von Brasilien
1823	Gefangennahme Dom Joãos VI. durch absolutistische Kräfte (Prinz Miguel). Befreiung durch Alliierte
1824	Widerrufung der Verfassung von 1822 durch Dom João VI.
1826	Tod Dom Joãos VI.

1826	Dom Pedro IV. König von Portugal (als Dom Pedro I. Kaiser von Brasilien)
1826	Verfassung Dom Pedros IV. (*Carta*). Beginn der Kämpfe zwischen den Liberalen, den Anhängern Pedros, und den Absolutisten. Noch 1826 Abdankung Dom Pedros IV. zugunsten seiner minderjährigen Tochter Dona Maria da Glória, Rückrufung Miguels aus dem Exil als Regent. Dieser heiratete die Thronfolgerin, setzte sie ab und ließ sich 1828 zum König von Portugal ausrufen.
1828–1834	Dom Miguel I. Letztes absolutistisches Zwischenspiel
1831	Abdankung Dom Pedros als Kaiser von Brasilien. Rückkehr nach Portugal
1832–1834	Bürgerkrieg in Portugal
1834	Endgültiger Sieg der Liberalen. Auflösung der religiösen Orden. Tod Dom Pedros IV.
1834–1853	Dona Maria II. (Maria da Glória)
1836	»Septembristen-Revolution«. Aufhebung der *Carta*
1842	Restauration der *Carta*. Costa Cabral an der Macht
1846–1847	Aufstand (Maria da Fonte und *Patuleia*). Exil Costa Cabrals
1849–1851	Zweite Phase des Cabralismus
1851	Erfolgreiche Revolte der »Regenerationisten«. *Rotativismo*. Beginn des *Fontismo*
1853–1855	Regentschaft von Dom Fernando II. (Ferdinand von Sachsen-Coburg-Gotha) nach dem Tod von Dona Maria II.
1855–1861	Dom Pedro V.
1856–1857	Erste Eisenbahnlinie und erster elektrischer Telegraf
1861–1889	Dom Luís I.
1867	Abschaffung der Todesstrafe
1869	Abschaffung der Sklaverei in den portugiesischen Besitzungen

Ab 1875	Erstarken des Republikanismus. »Generation von 1870«
1877–1879	Erforschung und Durchquerung des südlichen Afrika durch Serpa Pinto
1887	Bekanntwerden der »Rosa Karte« (beabsichtigte Verbindung Angolas und Moçambiques)
1889–1908	Dom Carlos I.
1890	Englisches Ultimatum gegenüber Portugal. Schwere politische und wirtschaftliche Krise
1898	Geheimabkommen zwischen England und Deutschland (eventuelle Aufteilung der portugiesischen Kolonien)
1906–1907	Ende des Rotativismus. Machtübernahme und Diktatur João Francos
1908	Versuch einer republikanischen Revolution. Kurz darauf Ermordung des Königs und des Kronprinzen
1908–1910	Dom Manuel II.
1910	Ausrufung der Republik. Die Königsfamilie verlässt Portugal.

Portugal im napoleonischen Krieg

Als Reaktion auf die umstürzlerischen Ideen der Französischen Revolution verbündete sich Portugal zunächst mit Spanien gegen Frankreich. Das Umschwenken Spaniens auf die Seite Frankreichs (1796) – wobei auch eine Aufteilung Portugals ins Auge gefasst wurde – und Spaniens Kriegserklärung an England führten infolge zweier annähernd gleich einflussreicher Parteien in Portugal, deren eine England, die andere Frankreich zuneigte, zu einer Phase erheblicher politischer Instabilität. 1807 besetzte Junot, unterstützt von spanischen Truppen, Portugal. Die königliche Familie und der Hof flohen auf englischen Schiffen nach Brasilien.

Hatten weite Kreise des Landes die Franzosen als Freiheitsbringer begrüßt, lernten sie sie bald als neue Herren kennen. Parallel zum Ausbruch des Widerstands in Spanien kam es auch in Portugal zu antifranzösischen Revolten. 1808 landete der spätere Herzog von Wellington in der Mondego-Mündung und schlug kurz darauf die Franzosen in zwei Gefechten. Den französischen Truppen wurde freier Abzug aus Portugal – unter Mitnahme des Beuteguts – gewährt; Lord Beresford löste Wellington ab. Einem erneuten französischen Angriff im Norden Portugals trat wieder Wellington entgegen (1809), besiegte den General Soult und drang in Spanien ein.

Einem dritten französischen Angriff unter Marschall Masséna (1810) setzte Wellington die in aller Stille errichtete Befestigungslinie von Torres Vedras und ein durch Beresford reorganisiertes portugiesisches Heer entgegen. Die Niederlage Massénas bei Buçaco (1810) leitet das Ende der französischen Präsenz in Portugal ein. Portugiesische Verbände nehmen noch an den Kämpfen in Frankreich teil. Auf dem Parkett des Wiener Kongresses führt Graf Sousa Holstein, der spätere Herzog von Palmela, die portugiesische Delegation, während der Regent, ab 1816 König João VI., vorerst in Brasilien bleibt.

Liberalismus, monarchische Wirren, Kampf um Verfassungen, Entmachtung der Kirche

Der Zusammenbruch der napoleonischen Herrschaft hinterließ ein verarmtes, aber noch nicht befreites Portugal. Der Widerstand gegen den wie ein Vizekönig oder Statthalter regierenden englischen General Beresford – er ließ 1817 den Verschwörer Gomes Freire de Andrade hinrichten – führte 1820 zu einer liberalen Revolution in Porto und leitete eine der turbulentesten Phasen der portugiesischen Geschichte ein (bis 1853), die durch den raschen Wechsel der gültigen Verfassungen und Regime sowie ein Bäumchen-wechsel-dich-Spiel innerhalb der Bragança-Dynastie um die Throne von Portugal und Brasilien gekennzeichnet ist. 1821 kehrt Dom João VI. mit dem Prinzen Miguel nach Portugal zurück, während sein Sohn Pedro in Brasilien bleibt, wo er 1822 im Zuge der Unabhängigkeitserklärung Brasiliens zum Kaiser ausgerufen wird. João VI. leistet in Portugal den Eid auf die neue liberale Verfassung von 1822, Missstände führen zu einem ersten Gegenschlag der Reaktion: 1824 übernimmt Prinz Miguel, gestützt durch die Lissaboner Garnison, die Regierung, lässt den König für geistesgestört erklären und internieren und hebt die Verfassung von 1822 auf. Durch die Intervention ausländischer Diplomaten wird der König befreit. Miguel begibt sich nach Wien ins Exil. Der Tod Joãos VI. 1826 sieht zunächst Dom Pedro, als Pedro I. Kaiser von Brasilien, in aussichtsreicher Position um die Thronfolge. Der Regentschaftsrat bittet um eine Verfassung, die Pedro 1826 erlässt und die als *Carta constitucional*, konservativer als die von 1822, ein wesentliches, immer wieder beschworenes und modifiziertes Verfassungsdokument für die portugiesische Geschichte des 19. Jahrhunderts werden sollte.

Als Pedro jedoch zugunsten seiner siebenjährigen Tochter Maria da Glória, Prinzessin von Grão-Pará, auf die Thronfolge verzichtet, herrscht Empörung in Portugal. Die Garnisonen rufen Miguel zum König aus, der in Wien Pedros Verfassung beeidet und Maria da Glória heiratet. Mit seinem Einzug 1828 in Lissabon wird für vier Jahre das alte absolutistische Regime wiederhergestellt. Die Usurpierung der Krone, die für Maria da Glória bestimmt war, durch die Ausrufung Miguels zum König durch die Cortes 1828 und die Aufhebung der Verfassung Pedros stießen auf Widerstand, den Miguel mit einem Schreckens- und Gewaltregime beantwortete. Zentrum des antimiguelistischen Widerstandes wurde zunächst die Azoreninsel Terceira, wo 1831 auch Pedro, dessen Position in Brasilien unhaltbar geworden war und der zugunsten seines fünfjährigen Sohnes Pedro II. als Kaiser abgedankt hatte, erschien. Ein Kontingent liberaler Truppen landete noch im selben Jahr bei Porto und setzte sich in der Stadt fest, wurde aber sofort von den Streitkräften Miguels eingeschlossen. Die Verteidigung des belagerten Porto im Winter 1832/33, an der viele später führende Köpfe des Liberalismus (auch Almeida Garrett und Herculano) teilnahmen, ist ein epischer Moment im Kampf des portugiesischen Liberalismus: dabei gewesen zu sein bedeutete eine Art Ehrentitel. Im Frühjahr des folgenden Jahres begab sich der Herzog von Terceira mit einem Teil der liberalen Truppen, von den Engländern unterstützt, in den Algarve, von wo aus er nach Lissabon marschierte. 1834 war Miguel endgültig geschlagen und ging wieder ins Exil. Dom Pedro wurde als Pedro IV. König von Portugal.

Zwischen März 1832 und Januar 1833 führte der Minister José Xavier Mouzinho de Silveira (1780–1849), Jurist und Verwaltungsfachmann, mit seinen Dekreten, teils auf den Azoren, teils in Porto erlassen, Reformen durch, die tief in das Gefüge des Staates und der Gesellschaft eingriffen. Sie basierten auf dem Reformdenken des ausgehenden 18. Jahrhunderts. Hauptperspektiven Mouzinho de Silveiras waren die Erhebung Portugals auf den Zivilisationsstand anderer europäischer Nationen, der Ausgleich des Verlustes Brasiliens durch eigene Leistung, vor allem die Mobilisierung der Arbeitskraft, die rechtliche Institutionalisierung der individuellen Freiheit, die »Befreiung von Grund und Boden« durch Beseitigung aller Bestimmungen, die die freie Verfügbarkeit über Grund und Boden, auch Verkauf oder Verpachtung verhinderten, die Beseitigung wirtschaftlicher Privilegien des Klerus, die Förderung von Binnen- und Außenhandel durch Abschaffung von Sonderrechten, Binnenzöllen etc. und eine umfassende Verwaltungsreform. Diese Reformen bedeuteten letztlich die Abschaffung des alten feudalistischen Systems, seiner Rechtsgrundlagen und in gewissem Rahmen auch seiner wirtschaftlichen Basis. Als Mouzinho wegen des zunehmenden Widerstands betroffener Kreise, vor allem des Adels, nach zehn Monaten entlassen werden musste, war das rechtlich-administrativ Notwendige im wesentlichen getan und wurde nicht mehr rückgängig gemacht.

Als Dom Pedro IV. 1834 in Queluz starb, wurde Dona Maria II. Königin von Portugal. Die Herrschaft Marias II.

(1834–53), die in zweiter Ehe mit Ferdinand von Sachsen-Coburg-Gotha verheiratet war, deckt im wesentlichen die zweite Phase jener eingangs erwähnten stürmischen Epoche ab. Das Land, das die Liberalen nun mit beträchtlichem, vor allem kulturellem Aufbaueifer umzugestalten unternahmen, hatte um 1835/40 etwa 3–3,5 Millionen Einwohner, Lissabon knapp 200 000, Porto etwa 50 000. Der Rest des Landes war absolut ländlich geprägt. Die wirtschaftlichen Probleme waren erheblich. Dreißig Jahre Krieg, Besatzung und Bürgerkrieg und der Verlust Brasiliens hatten Rückständigkeit und Mangel geschaffen, für deren Beseitigung das Reformwerk Mouzinho da Silveiras zunächst nur die Voraussetzung darstellte.

Daneben tobte der Verfassungsstreit weiter. Während die gemäßigteren Kräfte des Landes sich auf die Verfassung Dom Pedros von 1826 beriefen, forderten radikale Kräfte die Wiedereinsetzung der Verfassung von 1822. Der »September-Revolte« von 1836, die unter dem diktatorischen Regime Passos Manoels zunächst einen Mitte-links-Kompromiss installiert, die Verfassung von 1822 wieder in Kraft setzt und als Ausdruck des Kampfes des städtischen Bürgertums gegen die Vorherrschaft der Landbesitzer und der Großbourgeoisie gelten kann, folgt 1842 gewissermaßen als Gegenrevolution der friedliche Staatsstreich Costa Cabrals, der auf der Grundlage der Verfassung von 1826 als Ministro do Reino in äußerst despotischem Regierungsstil ein Programm der Ordnung, der wirtschaftlichen Entwicklung und der Reformen durchzusetzen versucht, dessen Herrschaft aber zunächst mit der Revolution der Maria da Fonte 1846 endet. Hatte diese Revolution mit Merkmalen wie der aktiven Teilnahme von Frauen und der zum Teil aus dem Volk selbst heraus erfolgenden Organisation einer heterogenen Gesellschaft bereits ausgesprochen populistische Züge gezeigt, erscheint in ihrer Weiterführung ab Oktober 1846 (*Guerra da Patuleia*) unter Saldanha zum ersten Mal als konkretes Ziel die Absetzung der Königin und die Einführung der Republik. Das Eingreifen der Großmächte England, Frankreich und Spanien beendet diesen Konflikt mit der Konvention von Gramido (Juni 1847) mit sehr ehrenvollen Bedingungen für die Aufständischen. Ab 1849 übernimmt Costa Cabral, freilich gemäßigter, wieder die Regierung.

Als Dona Maria II., eine menschlich integre Persönlichkeit, deren interventionistische Tendenzen aber wohl verantwortlich für viele Konflikte zwischen 1836 und 1851 gewesen waren, 1853 starb, führt zunächst Ferdinand von Sachsen-Coburg als Dom Fernando II. für zwei Jahre die Regentschaft. (Ihn zählen manche Historiker als Begründer der ›portugiesischen‹ Dynastie Sachsen-Coburg-Gotha.) Pedro V. (1855–61) stirbt jung. Sein Nachfolger Dom Luís (1861–89) kann in seiner weitestgehenden Zurückhaltung gegenüber der Tagespolitik, seiner Intellektualität und Noblesse als das Ideal des konstitutionellen Monarchen gelten, der freilich dem Abnützungsprozess des monarchisch-konstitutionellen Ideals, wie es sich zu Beginn der siebziger Jahre etwa in Revolutionen in Spanien und Frankreich und in Portugal mit der politischen Formierung der Republikaner und Sozialisten manifestierte, nicht Einhalt gebieten konnte.

In den zwanziger und dreißiger Jahren hatte sich weitgehend die Entmachtung der führenden alten Stände Kirche und Adel und die reale Machtübernahme durch das Bürgertum vollzogen, innerhalb dessen sich ebenfalls bemerkenswerte Umschichtungen vollzogen. Seine Stellung im Staat war schon seit Pombal stark gewesen. 1820 und 1834 markieren entscheidende Siege dieser Klasse. Von 1820 bis 1867 verdoppelt sich sein prozentualer Anteil an der portugiesischen Bevölkerung von 8 Prozent auf 16 Prozent, und innerhalb des Bürgertums erreichen die Handel- und Gewerbetreibenden die Mehrheit gegenüber den einst bestimmenden Beamten und Intellektuellen. Hochburgen des Bürgertums waren zunächst Lissabon und Porto. Sein wachsendes Selbstbewusstsein ist nicht zuletzt an dem im Laufe der Zeit abnehmenden Interesse an Adelstiteln abzulesen. Der Adel sieht in den zwanziger Jahren seine spezifischen Bindungen an den Staat und die damit gegebenen wirtschaftlichen Vorteile aufgehoben. Zum Leben bleibt ihm der Privatbesitz (Landbesitz, Tätigkeit in Handel und Industrie, wobei kommerzielle Aktivitäten des Adels in Portugal spätestens seit dem 16. Jahrhundert Tradition hatten). Im Laufe des 19. Jahrhunderts näherte sich der Adel immer stärker dem Bürgertum an, zumal in bestimmten Zeiträumen Titel wie die eines Barão oder Visconde geradezu inflationsartig an kleine Adelige wie an Bürger verliehen wurden, so dass der alte Adel rasch mit dem »konstitutionellen« Adel verschmolz. Innerhalb des konstitutionellen Systems garantiert seine wirtschaftlich starke Stellung aufgrund des Grundbesitzes ihm noch bis in die zweite Hälfte des 19. Jahrhunderts politischen Einfluss, zum Teil auch wieder gewisse Sonderrechte, etwa den erblichen Sitz in der Câmara dos Pares (1828–1910).

Die Kirche hatte zu Beginn des 19. Jahrhunderts noch eine wichtige Rolle gespielt, vor allem in ihren allgegenwärtigen Orden. Der im Prinzip antikirchliche Liberalismus führte den Hauptstoß gegen letztere, wobei die antiklerikale Politik der zwanziger und dreißiger Jahre, die z.B. 1822 und 1826 Ordensmitgliedern das aktive wie passive Wahlrecht verweigerte, auch im Zusammenhang mit dem Miguelismus zu werten ist. Die Jahre 1833 und 1834 bringen das Verbot neuer Noviziate und die Auflösung aller Männerklöster, deren Besitz verstaatlicht wird und durch seinen Weiterverkauf erhebliche wirtschaftliche Impulse gibt, von denen in erster Linie das Bürgertum profitieren wird. Das Volk nahm die Säkularisierung weitgehend mit Indifferenz auf. Erst in den fünfziger Jahren begannen die Orden wieder zurückzukehren und wurden erst 1901, soweit sie im Bereich der Erziehung und sozialen Hilfe tätig waren, wieder legalisiert. Als erfolgreich erwies sich die Strategie des liberalen Staates, einerseits konsequent gegen Institutionen vorzugehen und gegenüber Individuen eine gewisse Versöhnlichkeit und Großzügigkeit, etwa in der Aussetzung von Pensionen für ehemalige Ordensleute, zu zeigen, andererseits in der erheblich besseren Behandlung des weltlichen Klerus, der staatlich besoldet wurde und eine Art Beamtenposition innehatte, die gleichzeitig Möglichkeiten seiner Disziplinierung bot, einen Keil zwischen diesen und den ehemaligen Ordensklerus zu treiben. Die Bischöfe erhielten Sitze im Oberhaus und bildeten politisch in der Regel keinen geschlossenen Block, sondern unterstützten verschiedene Parteien. In dieser Strategie war der tatsächlich zurückgehende Einfluss der Kirche, die Abnahme der Zahl der Priester –

während ihr zugleich das Odium der Reaktion und des kulturellen Rückschritts weiter anhaftete –, wohl eingeplant.

Von »Regeneration« und *Fontismo* zum Ende der Monarchie

Die 1851 unter dem Schlagwort *Regeneração* in Porto ausbrechende Revolte führt nicht nur zur Demission Cabrals, der zwischenzeitlich 1849 wieder an die Macht gekommen war, sondern zur Etablierung eines Regimes, das auf der Basis einer Koalition fähiger Köpfe mit Rückhalt in einem weiten Spektrum von gemäßigten und bürgerlichen Kräften als stabiles, wirtschaftlich orientiertes und pragmatisches Regime ohne nennenswerte Oppositionen nun bis in die achtziger und neunziger Jahre die Geschicke Portugals steuern sollte – eine Phase, in der der Anpassungsprozess an die wirtschaftliche und politische Situation seit dem Sturz des Absolutismus und dem Verlust Brasiliens zum Abschluss kam. 1851 wurde der Ingenieur und Befestigungsbaumeister António Maria Fontes Pereira de Melo (1819–1887) in die Regierung berufen, wo er in der Folge verschiedene Ministerien leitete. Es begann jene als *Fontismo* bezeichnete materielle Umgestaltung des Landes, für die Mouzinho da Silveira die Bedingungen geschaffen hatte, die selbst aber immer aufgeschoben worden war. Unter der Ägide Fontes Pereiras wurde ein gewaltiges Programm der infrastrukturellen Erschließung des Landes und des öffentlichen Sektors, der Mobilisierung ausländischer industrieller und kommerzieller Interessen und der Einführung neuer und moderner Techniken durchgeführt. Die Kosten wurden durch Anleihen im Ausland und Steuererhöhungen – nicht durch Einsparungen – aufgebracht, was in der Folge freilich Portugal krisenanfällig machen sollte. Zunächst jedoch blühte das Land wirtschaftlich scheinbar auf. Spektakulärer Ausdruck des *Fontismo* war die Internationale Ausstellung in Porto 1865, für die 1861–1866 von einem britischen Architekten und Ingenieur die hochmoderne Stahlkonstruktion des Kristallpalastes erstellt worden war. Beide Projekte stützten sich auf die von Fontes und dem ebenfalls hochinteressierten Dom Pedro V. geförderte Zusammenarbeit aller wirtschaftlichen Kräfte des Nordens, die Mobilisierung einer Konkurrenz gegenüber Lissabon (getreu dem bis in unsere Zeit kolportierten Satz »Porto arbeitet, Coimbra studiert, Braga betet – und Lissabon amüsiert sich«) und die Hilfe der in Brasilien ansässigen Portugiesen. Die Ausstellung wurde erfolgreich durchgeführt, wenn sie auch in der Folge nicht die positive Wirkung hatte, die sie hätte haben können, hätte man aus den auch von Zeitgenossen erkannten Schwachstellen Konsequenzen gezogen. Die heutige Beurteilung des *Fontismo* ist in der Regel negativ. Unverkennbar ist in der Tat eine gewisse Unabgestimmtheit der unter großem finanziellem Aufwand durchgeführten Maßnahmen, die nicht zuletzt wohl aus dem mangelnden Überblick über den tatsächlichen Stand und die Leistungsfähigkeit der portugiesischen Wirtschaft sowie ihre tatsächlichen Bedürfnisse resultiert. Verhängnisvoll wirkte sich vor allem die nicht ausreichend in Gang kommende Zusammenarbeit zwischen Unternehmertum und Bank- bzw. Kapitalsektor aus, das Widerstreben von Unternehmern, im Falle finanzieller Schwierigkeiten ihre Unternehmen in Gesellschaften umzuwandeln etc. Andererseits muss man Fontes Pereira wohl zubilligen, dass er den Weg einschlug, der ihm aus damaliger Perspektive als der gangbarste und absolut notwendige – eine Art Initialzündung – erschien. Der von vielen modernen Kritikern als hypertrophiert kritisierte Ausbau der Verkehrsverbindungen ging von dem richtigen Gedanken der notwendigen Verbesserung der Infrastrukturen aus und erscheint in einem etwas positiveren Licht, wenn man sich vor Augen hält, dass etwa der Landweg von Lissabon nach Porto, der zweitwichtigsten Stadt des Landes, um die Jahrhundertmitte noch, bei nicht durchgängiger Straßenverbindung, acht Tage, der Seeweg etwa zwei Tage in Anspruch nahm. 1859 richtete Fontes mit der Postkutsche, die 34 Stunden brauchte, die erste öffentliche Verkehrsverbindung zwischen den beiden Zentren ein; 1864 schaffte es die Eisenbahn in einigen Stunden. Eine neue Zeitdimension führte 1857 der Telegraf ein. Noch 1848 hatte es elf Tage gebraucht, bis die Nachricht von der Revolution in Paris nach Lissabon gelangte. – Insgesamt stellt der *Fontismo* den Gipfelpunkt bürgerlicher Fortschrittsgläubigkeit in Portugal dar.

Die Situation der untersten Klassen muss differenziert gesehen werden, wenn sich auch ihre allgemeinen Lebensbedingungen im Laufe des 19. Jahrhunderts, besonders ab 1889 wohl eher verschlechterten. Das so gern rhetorisch apostrophierte Volk ist überwiegend das Kleinbürgertum und der bäuerliche Bereich, und auch hier sind die Verhältnisse unterschiedlich: im Bereich des Handwerks haben Meister, Gesellen und Lehrlinge nicht unbedingt die gleichen Interessen, im landwirtschaftlichen Bereich ist zu unterscheiden zwischen Lohnempfängern, Wanderarbeitern und freien Bauern. Das Industrieproletariat ist zahlenmäßig äußerst schwach.

Die Möglichkeiten der unteren Klassen, ihrer Benachteiligung entgegenzuwirken, waren beschränkt. So bilden sich ab der Jahrhundertmitte Organisationsformen, die, nachdem die Kirche in dieser Funktion ausgefallen war, gegenseitige Hilfe, Altersversorgung usw. organisieren. Streiks fanden seit den siebziger Jahren statt, waren aber bis 1910 illegal.

Daneben erscheint um 1850 im ideologischen Spektrum Portugals der Sozialismus. In verschiedenen Broschüren, die zum Teil von Sympathisanten der *Patuleia* herausgegeben werden, wird sozialistisches oder kommunitarisches Gedankengut, sehr häufig fourieristischen Zuschnitts, verbreitet. Die erste regelmäßig erscheinende Zeitung sozialistischen oder fourieristischen Zuschnitts war *O Eco dos Operários* (Lissabon, ab 1850). In der Folge entwickelt sich nun eine zusammenhängende politische Bewegung, die eine neue Gesellschaftsform propagiert. Daneben kommt es auch zu konkreten politischen Aktionen. 1856 bildet sich eine *Associação Promotora da Educação Popular* und zwei Jahre später, dank Herculano, eine *Associação Promotora da Educação do Sexo Feminino*. 1849 wird eine *Associação da Civilização Popular*, eine Gesellschaft zur Volksbildung, gegründet, die auch der Dichter Castilho unterstützte. Intellektuelle Kräfte, die die neue Entwicklung förderten, waren z.B. der Journalist und Romancier Lopes de Mendonça, einer der Direktoren des *Eco dos Operários* und Verfasser eines ultraromantischen Romans (*Memórias dum Doido*, 1848), der zeitweilig zu sehr radikalen Positionen kommt, oder später, aus der 1870er Generation, zeitweilig der Philosoph und Dichter Antero de Quental. Sosehr freilich die Kritik und die Forschung gerade in den letzten Jahren diesen Aspekt der geistig-sozialen Entwicklung Portugals in der zweiten Hälfte des 19. Jahrhunderts betont haben, darf man sich doch fragen, ob dieses Denken, das noch immer den generösen Ideen von 1848 verbunden war und anderseits der Präzision, vor allem aber einer gewissen Reife und praktischen Erfahrung ermangelte und das sich, vor allem von Intellektuellen getragen, in einem sozialen Rahmen entwickelte, der ihm eigentlich überhaupt nicht entsprach, wirklich eine auch nur denkbare Alternative zum *Fontismo* darstellte. Das Proletariat, das auch als Stadtproletariat zahlenmäßig schwach, analphabetisch und leicht manipulierbar war, stellte jedenfalls bis Anfang des 20. Jahrhunderts nicht die geringste Gefahr für das Bürgertum in Portugal dar.

Das Parteiengefüge Portugals, das im wesentlichen auf der Zweiteilung in eine konservative und eine progressive Partei beruhte, erfährt, zum Teil bedingt durch innere Spaltungen, seit 1865 verschiedene Neugruppierungen bzw. Neubenennungen, die freilich in zunehmendem Maße zu einer Verwischung der prinzipiell verfochtenen Perspektiven der beiden Lager, zu einer Pragmatisierung, aber letztlich auch Lähmung und Paralysierung jedes entscheidenden vorwärtsgerichteten Elans führten. Eine zeitgenössische Portugalreisende spricht von der portugiesischen Verfassung als einer »einzigartigen Verbindung von Liberalismus und Syllabus« – ein System, das nur äußerlich kompliziert und undurchsichtig erschien und bei weitestgehendem Desinteresse an politischen Ideen unter den zehn

Prozent Wahlberechtigten durchaus Friede und Ausgleich ermöglichte; ein Beleg dafür ist etwa auch der neue *Código Civil* von 1867, der in seiner Überarbeitung durch eine Kommission, in der noch Herculano saß, unter anderem als eines der ersten europäischen Länder die Todesstrafe abschaffte und die Zivilehe einführte. Mit Befremden und Beunruhigung wurde an dieser ruhig dahinlebenden sanftmütigen Nation lediglich die hohe Zahl von Selbstmorden zur Kenntnis genommen. Das Urteil der oben zitierten Reisenden, die portugiesische Gesellschaft sei »eine Ansammlung von Erscheinungen, von Marionetten, die aussehen, als lebten sie, und die sich doch nur bewegen, aber nicht handeln«, entspricht auffällig dem Bild der portugiesischen Oberschicht, das Eça de Queiroz in seinem großen Roman *Os Maias* (1888) zeichnet.

Inwieweit konnte in diesem Rahmen die Republik ein politisches Ziel darstellen? Die Republik gehörte zwar seit den zwanziger Jahren ›irgendwie‹ zum politischen Vorstellungshintergrund, war aber noch zur Zeit der *Patuleia* eine relativ vage Idee. Immerhin finden die europäischen Ereignisse von 1848 ein Echo. So erscheint Lamartines Buch über die 48er Revolution schon 1849 in portugiesischer Übersetzung. Flüchtlinge aus den Ländern, in denen die Reaktion gesiegt hatte, kamen in Lissabon an, so z. B. der ungarische Freiheitskämpfer Kossuth. Die republikanischen Ideen stellten freilich im Grunde genommen nur eine gewisse Tendenz zugunsten des Kleinbürgertums und gegen die Interessen der Oligarchien, wie Cabral und Fontes sie stützten, dar. Andererseits verbanden sie sich häufig mit politischen Zielvorstellungen, die sich als völlig illusorisch erweisen sollten, wie Föderalismus und Iberismus.

Zuvörderst aber definiert sich Republikanismus im Portugal des 19. Jahrhunderts als ein globales Nein zur Monarchie, wobei diese zumindest in gewissen Kreisen relativ undifferenziert mit allem identifiziert wird, worüber man seit Jahrhunderten Unbehagen zu empfinden meint. Unamunos auf Spanien gemünzte Formulierung, es gäbe zwar viele Antimonarchisten, aber wenige Republikaner, gilt sinngemäß wohl auch für das Portugal des 19. Jahrhunderts und erklärt zum Teil die weitere politische Entwicklung.

Eine Entwicklung, die vor allem in der zweiten Hälfte des 19. Jahrhunderts Konturen gewinnt und bestimmend für das Schicksal Portugals bis weit in die zweite Hälfte des 20. Jahrhunderts werden sollte, ist die nach dem Verlust Brasiliens verstärkte Zuwendung Portugals zu seinem noch verbleibenden Kolonialreich – neben dem *Estado da Índia* (Goa, Diu, Damão), Macau und Timor besonders den afrikanischen Besitzungen, d.h. den Kapverdischen Inseln, Guinea, São Tomé e Príncipe, Angola und Moçambique. Um 1830 beschränkte sich die portugiesische Präsenz in Angola und Moçambique auf relativ kleine Küstenstreifen; lediglich Luanda hatte ein kleines portugiesisch erschlossenes Hinterland. Die Gründe lagen in der seit den Anfängen unmöglichen weitergehenden Besetzung größerer Territorien; man beschränkte sich auf die Einrichtung von Handelsstützpunkten, die durch ein minimales Hinterland abgesichert wurden. Angesichts der ungünstigen klimatischen und ökonomischen Bedingungen und des Widerstands der Einheimischen war Afrika auch als Auswanderungsterritorium gegenüber Brasilien uninteressant gewesen. Dauerhaft blieben dort nur deportierte Sträflinge und allenfalls Militärs. Um 1800 lebten in den gesamten portugiesischen Überseebesitzungen – ausgenommen Brasilien – etwa 10 000 Weiße, und trotz der intensiven Entwicklung blieben die Zahlen klein: um 1910 etwa lebten in Angola etwa 12 000 Weiße, ›bedeutende‹ Städte wie Luanda oder Lourenço Marques (Moçambique) hatten je ungefähr 20 000 Einwohner aller Hautfarben.

Angesichts geringer militärischer Präsenz – um 1910 dienten im gesamten portugiesischen Reich etwa 10 000 Soldaten verschiedenster Rassen – stützte sich die portugiesische Herrschaft in Afrika eher auf diplomatisch geschickte Ausnutzung lokaler Rivalitäten. Sie forderte wenig: die theoretische Anerkennung portugiesischer Oberhoheit und die Zahlung eines geringen Tributs. Landwegnahmen spielten angesichts der großenteils nomadisierenden Bevölkerung der afrikanischen Gebiete und der noch im 19. Jahrhundert fast ausschließlichen Konzentration der Portugiesen in den Städten und ihres Desinteresses an der Landwirtschaft kaum eine Rolle. Eine gewisse Ausnahme bildete etwa nach 1860 São Tomé e Príncipe mit seiner blühenden Plantagenwirtschaft.

Nachdem es Bewohnern der Kolonien schon vorher möglich war, unter bestimmten, auch bildungsmäßigen, Bedingungen als *assimilados* portugiesische Staatsbürgerrechte zu erwerben, und eine Erklärung von 1820 alle Eingeborenen der portugiesischen Überseegebiete zu portugiesischen Staatsbürgern erklärte, was wohl freilich weitgehend theoretisch und utopisch war, definiert die aus der liberalen Revolution hervorgegangene portugiesische Verfassung von 1822, die portugiesische Nation als »Vereinigung aller Portugiesen beider Hemisphären« (Art. 20) ohne

Unterschied der Hautfarbe, Herkunft etc. Gleiches bestimmte die konservativere Verfassung von 1826, die als Portugiesen alle jene definierte, die in Portugal oder seinen Besitzungen geboren und nicht Brasilianer sind. Diese Position wurde nicht mehr aufgegeben. Trotz aller Widersprüchlichkeiten, die sich durch doch wieder abgestufte Kolonialstatute und verwaltungsmäßige Umstellungen ergaben, die vom unruhigen Mutterland ausgingen, markierte sie aber doch eine Richtlinie, die bei allen Veränderungen nie völlig verlassen wurde. So werden etwa seit Beginn der konstitutionellen Monarchie die Überseegebiete durch Abgeordnete im Parlament vertreten, und es herrscht auch ein ständiges Bestreben, die Überseegebiete – zuletzt offiziell als »Überseeprovinzen« bezeichnet – verwaltungsmäßig ebenso zu organisieren wie das Mutterland, und spätestens seit der zweiten Hälfte des 19. Jahrhunderts waren die Überseegebiete im Bewusstsein zumindest der politisch denkenden Portugiesen fraglos als Teil Portugals präsent.

Einer der wirklich dunklen Punkte der portugiesischen Überseepolitik – freilich nicht nur dieser – war die Sklaverei, wobei die afrikanischen Besitzungen jahrhundertelang als Hauptlieferanten, vor allem für Brasilien, aber auch ins Mutterland, dienten. Sklaverei war spätestens seit der Zeit der Reconquista, wo man sie aus dem islamischen Teil der iberischen Halbinsel kannte, aber auch in christlichen Gebieten gefangene Mauren versklavt wurden, bekannt. Später begegnete man ihr als allgemeinem Phänomen, besonders auch in Afrika, wo sie unter der eingeborenen Bevölkerung, von Stamm zu Stamm und von Reich zu Reich, geübt wurde. Portugal begann etwa ab der Mitte des

15. Jahrhunderts einen ausgedehnten Sklavenhandel zu führen, bald darauf gefolgt von Spanien, um die Mitte des 16. Jahrhunderts durch England, dann die Niederlande, schließlich, im 18. Jahrhundert, Frankreich. Immerhin beherrschten die Portugiesen ein Jahrhundert lang, beliefert von arabischen Sklavenhändlern und eingeborenen afrikanischen Potentaten, den Markt mit afrikanischen Sklaven. Man sammelte die in der Regel eingekauften Sklaven – für eigene Sklavenjagden größeren Stils fehlte es an Mannschaften – in zum Teil als Festungen ausgebauten Faktoreien, so etwa als bekannteste S. Jorge da Mina (errichtet 1482) im heutigen Ghana, und verschiffte sie dann in der Mehrzahl in die Neue Welt, aber auch nach Europa. Millionen schwarzer Menschen – die Zahlen schwanken – wurden aus ihrer Heimat und aus ihren Familien gerissen und auf diese Weise deportiert, Millionen starben auf den Märschen zu den Sammelpunkten, in den Sklavenkerkern und auf der Überfahrt. Hauptabnehmer waren zunächst die spanischen Kolonien, dann Brasilien, wo sie in den Plantagen, aber auch in Städten oder als Haussklaven oder -sklavinnen (*mucamas*) arbeiteten und dessen zunehmende Erschließung und neue Wirtschaftszyklen immer neue Sklaven verlangten, die freilich ihrerseits in vielerlei Weise das Land prägten; dann die Karibik, schließlich auch Nordamerika, wobei letztere auch durch französische und britische Sklavenhändler beliefert wurden.

Nachdem auch das philosophisch aufgeklärte 18. Jahrhundert – oft der einzelne Aufklärer selbst – eine nicht immer eindeutige Haltung gegenüber der Sklaverei eingenommen hatte, begann diese Anfang des 19. Jahrhunderts in Verruf zu geraten. Unter dem aufklärerischen Minister

Pombal hatte Portugal als eines der ersten Länder im Mutterland und in seinen indischen Besitzungen die Sklaverei schon 1761 abgeschafft. International trat England, dessen industrielle Revolution Sklavenarbeit überflüssig machte und das die Moral als Waffe gegen etwaige wirtschaftliche Konkurrenten bzw. als Legitimation, auf den Weltmeeren für ›Freiheit‹ zu sorgen, einsetzte, als Wortführer gegen Sklaverei und Sklavenhandel auf. Seit dem anglo-portugiesischen Vertrag von 1836, der ein generelles Verbot aller Sklavenimporte und -exporte südlich des Äquators enthielt, wurde durch immer neue Maßnahmen und Bestimmungen die Sklaverei schrittweise, zum Teil durch eigene Initiative Portugals, zum Teil unter dem Druck Englands, beseitigt. 1869 wurde die Sklaverei im portugiesischen Reich endgültig abgeschafft, dauerte wohl freilich noch geraume Zeit illegal faktisch fort. In Brasilien, das seit 1822 unabhängig war, wurde die Sklaverei definitiv 1888 aufgehoben, nachdem sie freilich schon seit 1850 stufenweise eingeschränkt und erheblich zurückgegangen war.

Wirtschaftlich war das portugiesische Kolonialreich bis auf wenige Phasen – etwa die siebziger Jahre des 19. Jahrhunderts – ein Defizitgeschäft. Portugals »nicht-ökonomischer Imperialismus« (R. Hammond) gründete sich, über alle wechselnden Einzelinteressen, weitgehend auf die Tradition: man betrachtete die Überseegebiete als durch die Zeit legitimierten Besitz, fürchtete stets, ›beraubt‹ zu werden, und lebte in der Prestigevorstellung, in einer Reihe mit den großen Kolonialmächten zu stehen. Die Entwicklungs- und Erschließungsversuche Portugals in der zweiten Hälfte des 19. Jahrhunderts spiegeln deutlich die individuellen Anstrengungen, aber auch die im nationalen Rahmen sichtbar werdenden begrenzten Handlungsmöglichkeiten.

Nach der Expedition, die José Maria Correia Monteiro und Antonio Pedroso Gamito 1831–32 von Tete/Moçambique in nordwestlicher Richtung ins Landesinnere führte, und einigen weiteren versuchten portugiesische Kaufleute und Militärs, vor allem in größeren Unternehmungen in den siebziger bis neunziger Jahren, mit zum Teil weiten Vorstößen im afrikanischen Hinterland Flagge zu zeigen, etwa in Angola Hermenegildo Capelo und Roberto Ivens 1877, dann im gleichen Jahr Serpa Pinto, der als einer der ersten Europäer den afrikanischen Kontinent durchquerte (Ankunft in Durban 1879), Capelo und Ivens, die 1884–85 das gleiche zwischen Moçâmedes und Quelimane leisteten, und Henrique de Carvalho (1884–86), in Moçambique António Maria Cardoso (1883) und 1885–86 Serpa Pinto zusammen mit Cardoso. Das wissenschaftliche Interesse an Afrika manifestierte sich in den Forschungen zur angolanischen Flora und Fauna des in portugiesischem Auftrag arbeitenden Österreichers Friedrich Welwitsch (1852–59) bzw. José de Anchietas (1864). Die 1875 gegründete *Sociedade de Geografia de Lisboa* erreichte hohes internationales Niveau; das *Instituto de Medicina Tropical* (1902) gehörte zu den besten Europas.

Andererseits zeigte sich, dass die wirkliche Entwicklung dieser Gebiete Portugals Kräfte überstieg. Regelmäßige Seeverbindungen innerhalb des portugiesischen Reiches wurden ab den fünfziger Jahren durch von Lissabon subventionierte britische und französische Schifffahrtslinien garantiert. Erst 1880 wurde die *Empresa Nacional de Nave-*

gação gegründet, die wiederum erst 1903 ihr Netz auch auf Moçambique ausweitete. Die Entwicklung der afrikanischen Kolonien vollzog sich überwiegend mit ausländischem, in der Regel englischem und französischem Kapital, vor allem in der Gründung der sehr erfolgreichen *Companhia de Moçambique* (1888), die, fast ein Staat im Staat, in zentralen Territorien der Kolonie weitestgehende Souveränitätsrechte, auch -pflichten (Einrichtung des Unterrichtswesens, Ansiedelung weißer Kolonisten) wahrnahm, und der *Companhia do Niassa* (1893). Die Entwicklung Moçambiques profitierte von der Nachbarschaft Transvaals und Rhodesiens bzw. der Verbindung dieser Gebiete mit der Küste durch die 1870–1894 gebaute Eisenbahnstrecke von Lourenço Marques (Maputo) nach Pretoria, noch heute eine der wichtigsten Eisenbahnlinien Afrikas, der weitere Strecken folgten. (1910 gehörten etwa zwei Drittel des portugiesischen Übersee-Eisenbahnnetzes privaten Gesellschaften.) Die Entwicklung Angolas, das kein entsprechendes Hinterland hatte, lief zunächst weniger erfolgreich, zumindest bis zum Bau der Benguela-Bahn. Die kleineren Kolonien entwickelten sich wenig: die indischen Besitzungen standen im Schatten der englischen Konkurrenz, Macau war wirtschaftlich in chinesischer Hand.

Die Ausweitung europäischer Kolonialinteressen auf dem afrikanischen Kontinent bedrohte Portugals bisher relativ unbestrittenen dortigen Besitz. Neben kleineren Konflikten mit England und Frankreich (Bolama, Cabinda) bestand vor allem für Moçambique die Bedrohung durch England und Deutschland. Die britischen Expansionspläne in Afrika hatten bereits 1876 zu einer internationalen

»Geographischen Konferenz« geführt, die unter Vorsitz Leopolds II. von Belgien eine Art politisches Gleichgewicht der Kolonialmächte herstellen sollte. Portugal war zu dieser Konferenz nicht einmal eingeladen worden. Die Berliner Konferenz von 1884–85, die als neuen Rechtsgrundsatz die Priorität der effektiven Besetzung über eventuelle historische Rechte proklamierte, musste Portugal, das als der jeweils Schwächere immer historisch argumentiert hatte, alarmieren. Portugal reagierte mit der Intensivierung seiner Präsenz in den fraglichen Gebieten. Der 1887 auf der sogenannten »rosa Karte« offiziell gewordene Plan Portugals, zwischen Angola und Moçambique eine portugiesische Landverbindung zu schaffen, kollidierte mit dem Projekt Cecil Rhodes', ein zusammenhängendes britisches Territorium von Kairo bis Kapstadt zu schaffen. Konflikte der Portugiesen mit angeblich englandtreuen Eingeborenenstämmen führten am 11. Januar 1890 zum Ultimatum Lord Salisburys, das Portugal zum umgehenden Rückzug aus den fraglichen Gebieten aufforderte – ein Vorgang, der in Portugal als bisher massivster unfreundlicher Akt Englands empfunden wurde und zu einer Welle des Nationalismus führte. Portugal zog sich zurück. Erst ein zweiter mit England ausgehandelter Vertrag wurde schließlich 1891 ratifiziert. Er brachte Portugal freilich den Besitz von Gebieten, in denen es bisher nicht präsent gewesen war, und legte im wesentlichen die Grenzen Angolas und Moçambiques, wie sie heute noch bestehen, fest.

Dass damit freilich Portugals Kolonialbesitz ebenso wenig gesichert war wie vorher, zeigt ein 1898 zwischen England und Deutschland abgeschlossener Vertrag, der im Falle bestimmter finanzieller Probleme Portugals die wirtschaftliche Aufteilung seiner Kolonien Angola, Moçambique und Timor – und in einer Geheimklausel auch die politische – vorsah. Der Ausbruch des Burenkriegs, in dem England auf die Häfen in Moçambique angewiesen war, und der deutlich spürbar werdende deutsche Ausdehnungsdrang in Afrika näherte England und Portugal wieder an, aber erst Portugals Teilnahme am Ersten Weltkrieg dürfte seinen Kolonialbesitz endgültig der Begehrlichkeit der übrigen Kolonialmächte entzogen haben.

Das ausgehende 19. Jahrhundert bedeutet für Portugal indes auch den schrittweisen Abschied von jener Institution, der das Land im Sinne eines souveränen Staates seine Existenz verdankte, die es dann aktiv zu den Höhepunkten seiner Geschichte geführt und sich in den folgenden Jahrhunderten des Niedergangs als offenbar unverzichtbar erwiesen hatte bzw. nie in Frage gestellt worden war: der Monarchie. Obwohl Dom Luís (1861–89) sich kaum in die Politik eingeschaltet hatte und er sicher eine der positivsten Verkörperungen eines konstitutionellen Monarchen war, hat unter seiner Regierung die vor allem aus Intellektuellenkreisen heraus geführte antimonarchistische Agitation, Verunglimpfung und Lächerlichmachung eine neue Intensität erhalten. Die vorhergehenden Jahrzehnte hatten ein Kleinbürgertum heranwachsen lassen, das, zahlenmäßig inzwischen stark, wirtschaftlich und politisch selbstbewusst gegen Großbürgertum und Adel Position bezog und die Basis für einen militanten Republikanismus bildete. Dom Luis' Nachfolger Dom Carlos (1889–1908) war unpopulär. Dazu ballen sich 1890/91 für Portugal plötzlich die Probleme: zunächst das englische Ultimatum von 1890, dem innenpolitisch eine Welle nationalistischer Empörung antwortete, die sich wiederum hauptsächlich gegen die Monarchie richtete, die für die gegenwärtige Situation verantwortlich gemacht wurde; eine Wirtschafts- und Finanzkrise mit zum Teil internationalem Hintergrund; verschärfte soziale Probleme mit Landflucht und Verelendung. Politisch war das Regime des mehr oder weniger ausgewogenen Wechsels zwischen konservativen und progressistischen Regierungen (*rotativismo*, entsprechend etwa dem spanischen *turnismo* nach 1875) in eine Krise geraten. Versuche einzelner Parteiführer und Regierungschefs, mit Flügeln anderer Parteien zu koalieren, aber auch persönliche Rivalitäten, führten zur Aufspaltung des traditionellen Parteiengefüges. Der Konservative João Franco gründete ›rechts‹ der *Regeneradores* einen *Partido Regenerador Liberal*, der auf eine Stärkung der Monarchie und einen vom Staat gestützten ›Sozialismus‹ bismarckscher Prägung abzielte. Von den Progressisten spaltete sich eine republikanische Gruppierung (unter José Maria de Alpoim, 1905) ab. Ab 1906 wird Portugal zunehmend unregierbar. João Franco, von Dom Carlos gestützt, gebärdet sich diktatorisch. Dies und das Bekanntwerden der hohen Verschuldung des Königshauses gegenüber dem Staat kosten die Monarchie weitere Sympathien. 1908 schlägt die Regierung einen Aufstandsversuch der Republikaner nieder. Wenig später fallen Dom Carlos und der Kronprinz einem Attentat zum Opfer. Die von dem 18jährigen Dom Manuel II. betriebene Beruhigungspolitik führt bei den Wahlen 1910 zu Bodengewinnen der Republikaner wenn schon nicht auf nationaler Ebene, so doch in und um Lissabon. Die Massen der Hauptstadt bzw. die politisch besser organisierten und programmatisch unverbrauchten politischen Kräfte entscheiden schließlich die Partie: am 5. Oktober 1910 wird in einer von militärischen und zivilen Kräften getragenen Revolution die Republik ausgerufen. Die Königsfamilie verlässt Portugal.

Die Erste Republik (1910–1926) und der *Estado Novo* Salazars bis zur Nelkenrevolution (1974)

Epochenüberblick

Das 20. Jahrhundert sieht die ersten Schritte der Demokratie in Portugal, die Leistungen der Republik im kulturellen Bereich und ihr Scheitern aufgrund der wirtschaftlichen Probleme, die der Erste Weltkrieg mit sich bringt, aber auch einer Mentalität der politischen Klasse, die sich in den Jahrzehnten der Agitation und der republikanischen Rhetorik des ausgehenden 19. Jahrhunderts geformt hatte und sich weitgehend unfähig zu Kompromiss und zur koordinierten Bewältigung des konkreten politischen Alltagsgeschäfts zeigte. Ab dem Ende des Ersten Weltkriegs mehren sich Putschversuche und Einmischungen des Militärs. 1926 wird das Parlament aufgelöst, in der Folge regieren Militärs. Im Rahmen von ihnen eingesetzter ziviler Kabinette übernimmt 1928 Oliveira Salazar, Wirtschaftsprofessor, das Finanzministerium mit zunehmenden Kontrollkompetenzen über andere Bereiche. Ab 1930 formuliert er sein Konzept eines *Estado Novo* (»Neuer Staat«), den er ab 1932 als Regierungschef verwirklicht – ein Staat konservativen und korporativen Zuschnitts, organisiert nach der Grundvorstellung von der Nation als organischer Einheit. De facto wird dieser Staat rasch zur Diktatur mit den bekannten Attributen der Diktaturen der dreißiger Jahre. Das Prinzip der Ordnung und Disziplin führt zunehmend zur Erstarrung, die auch durch eine sich fortschrittlich gebende Kulturpolitik nicht gelöst werden kann. Widerstand wird mit Polizeigewalt und Gefängnis oder gezielten Schikanen niedergehalten. Durch vermutlich gefälschte Wahlen legitimiert der Diktator seine Herrschaft. Portugal übersteht als ›neutraler‹ Staat den Zweiten Weltkrieg unbeschädigt, die Hoffnung auf ein Ende des Regimes nach dem Ende der faschistischen Diktaturen in Deutschland und Italien erfüllt sich nicht. Auch wirtschaftlich gerät das Land ins Hintertreffen, teils infolge der Strukturen des *Estado Novo*, der zunehmenden Starrsinnigkeit des Diktators, dann aber vor allem unter dem Druck wachsender Militärausgaben angesichts der Aufstandsbewegungen in den Überseeprovinzen seit den sechziger Jahren. 1968 erleidet Salazar einen schweren häuslichen Unfall und wird aus seinem Amt entfernt.

Unter seinem Nachfolger Marcelo Caetano kommt es zu einer vorübergehenden Liberalisierung, Rückkehr von Exilanten usw. Die Flitterwochen mit der Opposition enden rasch. Erneut setzt Repression ein, aber auch auf breiter Basis und in der Führung der Armee die Erkenntnis, dass der Krieg in Afrika nicht zu gewinnen ist und dass auch aufgrund sozialer Veränderungen ein ›Weiter so‹ nicht möglich ist. Am 25. April 1974 erhebt sich die gesamte Armee. Das Regime bricht praktisch ohne Blutvergießen in kürzester Zeit zusammen (Nelkenrevolution).

1910, 4./5. Okt.	Ausrufung der Republik. Ende der Monarchie. Beginn einschneidender Reformen
1911	Trennung von Staat und Kirche. Republikanische Verfassung. Wahl des ersten Staatspräsidenten
1916	Kriegserklärung Deutschlands an Portugal
1917–1918	Diktatur von Sidónio Pais
1919	Monarchistische Revolte

1921	Höhepunkt der politischen Instabilität. Politische Morde
1922	Flug über den südlichen Atlantik durch Gago Coutinho und Sacadura Cabral
1926	Machtübernahme durch das Militär. Diktatur, Zensur
1928–1932	Schrittweise Machtübernahme durch Salazar
1932	Salazar Premierminister
1933	Neue Verfassung
1935	Verbot der politischen Parteien, Gewerkschaften etc.
1936	Scheitern einer Revolte der Marine
1937	Scheitern eines Attentats gegen Salazar
1941–1942	Besetzung Ost-Timors durch australische, dann japanische Truppen
1943	Stützpunkte der Alliierten auf den Azoren
1945–1949	Organisierung der Opposition gegen Salazar
1949	Beitritt Portugals zur NATO. Nobelpreis für Medizin an Egas Moniz
1955	Beitritt Portugals zur UNO
1958	Kandidatur Humberto Delgados für das Amt des Staatspräsidenten
1959–1962	Widerstandsaktionen gegen Salazar
1961	Beginn der Unabhängigkeitsbewegungen in den Kolonien. Besetzung Goas und der indischen Besitzungen durch Indien
1961–1974	Kolonialkrieg
1965	Ermordung Humberto Delgados durch die Sicherheitspolizei
1968, Sept.	Unfall Salazars. Ersetzung durch Marcelo Caetano
1971	Wahlen. Ende einer kurzen liberalen Phase

Die ersten Schritte der Republik, Erfolge und Scheitern

Die Anfänge republikanischer Ideologie in Portugal liegen im Jahr 1820; sie konkretisierten sich dann zum Teil im Widerstand gegen die Diktatur Costa Cabrals um die Jahrhundertmitte und unter dem Einfluss der französischen Revolution von 1848. Obwohl sich die monarchische Ideologie im Rückzug befand, wirkte bürgerliches Wohlstandsdenken, wie es für den *Fontismo* (ab 1851) kennzeichnend war, mäßigend. Andererseits hatte vor allem José Felix Henriques Nogueira (1825–1858) mit den Prinzipien des Republikanismus, Munizipalismus, Föderalismus und der Assoziation sozial und wirtschaftlich gleich interessierter Kräfte den Republikanismus weitgehend als politisches Programm definiert. Man erstrebte eine dezentralisierte Republik (wie Herculano) mit sozialistischer Ausrichtung (Fourier, Louis Blanc) auf der Basis freiwilliger Zusammenschlüsse; außenpolitisch war eine Föderation der iberischen Völker ins Auge gefasst. Das Programm Henriques Nogueiras wirkte auch noch wesentlich auf die zweite große republikanische Welle, die von der Generation von 1865–70 getragen wurde und für die die Republik angesichts der Verhältnisse im übrigen Europa in greifbare Nähe gerückt schien.

Der Sturz der Monarchie 1910 implizierte freilich nicht den Bruch, als den man ihn vielleicht auf den ersten Blick deuten könnte. Die politischen Persönlichkeiten, die die neue Republik zunächst trugen, waren als zweite republikanische Generation jahrzehntelang im Klima der niedergehenden Monarchie geformt worden; ihr politischer Stil war von den intellektuellen Utopien und den agitatorischen Denk- und Verhaltensmustern des 19. Jahrhunderts geprägt. Andererseits war die soziale und wirtschaftliche Struktur des Landes dergestalt, dass eine rasche und grundlegende Änderung ohnehin auf sich warten lassen musste. Portugal war immer noch ein stark agrarisch geprägtes Land, weniger als ein Fünftel seiner sechs Millionen Einwohner lebte in Städten und von diesen wiederum die Hälfte in Lissabon und Porto. Den Export bestritt im wesentlichen die Landwirtschaft (Wein, Kork, Früchte) und, in geringerem Maße, die junge chemische und fischverarbeitende Industrie. Bemerkenswert ist, dass auf der Importliste neben den zu erwartenden industriellen Produkten (Maschinen, Textilien) die staatlich hochsubventionierte Korneinfuhr, ein politisch äußerst sensibler Bereich, stand. Ein wesentliches Entwicklungshindernis der portugiesischen Wirtschaft waren die schlechten Verkehrsverbindungen, das nicht ausreichend leistungsfähige Eisenbahnsystem, ein Straßennetz, dessen Zustand sich seit Fontes verschlechtert hatte, und ungenügend ausgebaute Häfen (bei einer Handelsmarine, die um die Jahrhundertwende immerhin fast alle Verbindungen innerhalb des portugiesischen Reiches sicherstellen konnte). Das seit Anfang des 19. Jahrhunderts defizitäre Staatsbudget besserte sich kurzfristig nach 1910, erfuhr freilich bald neue Erschütterungen durch den Ersten Weltkrieg und die ihm folgenden internationalen Krisen.

Wie in anderen Ländern und trotz des relativ geringen Kapitalismus gab es soziale Unruhen, die sich vor allem in den seit 1910 legalisierten Streiks äußerten. Die antimonarchische Allianz zwischen dem Bürgertum und einer zahlenmäßig immer noch sehr schwachen Arbeiterklasse löste sich ab 1911 rasch. Seit Beginn der Republik bestand die Strategie der Regierungen einerseits im harten Durchgreifen gegen Unruhen, andererseits in einem energischen Vorantreiben einer neuen Sozialgesetzgebung (1911 Begrenzung der Wochenarbeitszeit, 1919 die 48-Stunden-Woche, Versammlungs-, Organisations- und Streikrecht der Arbeiter, 1914 Gründung einer nationalen Gewerkschaft, 1916 Errichtung eines Arbeitsministeriums etc.). Zur Verbesserung der Situation der Arbeiter während der Republik trug wesentlich die äußerst geringe Arbeitslosigkeit bei. Freilich hatte sich die soziale Problematik teilweise nur verschoben: Verlierer waren die Mittelklasse und die höheren Staatsbediensteten, die 1910 die Stützen des Republikanismus gewesen waren – eine angesichts des realen Kräfteverhältnisses politisch nicht ungefährliche Situation.

Das Hauptinteresse wie auch die reale Leistung republikanischen Umgestaltungswillens lag, wie es der liberalistischen Tradition und Mentalität des 19. Jahrhunderts entsprach, im ideologischen, kulturellen und Bildungsbereich. Die Kultur war ein Hauptthema republikanischer Propaganda vor 1910 gewesen. Ein wichtiges Instrument republikanischer Bildungs- und Alphabetisierungspropaganda war die *Cartilha maternal* des João de Deus (1876) mit ihrer sehr volksnahen und modernen Lehrmethode. Der Sohn des großen Pädagogen João de Deus Ramos (1878–1953) errichtete die ersten auf einer erzieherischen Ganzheitsmethode basierenden Kindergärten Portugals (Coimbra, 1911). Das Volksschulwesen wurde quantitativ gestärkt, dezentralisiert und die Schulpflicht vom siebten bis zehnten Lebensjahr eingeführt. Im höheren Schulwesen förderte man vor allem die technische und kommerzielle Erziehung. Durch Zusammenfassung bereits existierender Institutionen kam es zur Gründung der Universitäten Lissabon und Porto, während in Coimbra die Geisteswissenschaftliche Fakultät (*Faculdade de Letras*) die alte Theologenschule ersetzte. Eine bemerkenswerte Erscheinung des zeitgenössischen Bildungswesens war die Schaffung »freier Universitäten« und »Volksuniversitäten«, deren von Fachleuten gehaltene Kurse und Vorlesungen jedem Interessierten offenstanden und die gleichzeitig die Publikation billiger Buchreihen bildenden Inhalts unterstützten. Symbolisch für das energische Bemühen, das Volk an Bildung und Kultur heranzuführen, mag auch die Verlegung von öffentlichen Konzerten und Opern in das 5000 Sitze umfassende Coliseo stehen.

Wissenschaftliche Kontakte mit dem Ausland ergaben sich zum Teil durch Leistungen portugiesischer Wissenschaftler im Bereich der Tropenwissenschaften, aber auch der Medizin (z.B. Epidemienforschung durch Ricardo Jorge, daneben Krebsforschung, Neurologie, Psychiatrie etc.). International anerkannte Größen waren der Mathematiker Francisco Gomes Teixeira (1851–1933) und der Astronom César Augusto de Campos Rodrigues (1836–1919). Als praktische technische Leistung wurde der Flug Gago Coutinhos und Sacadura Cabrals 1922 von Lissabon nach Madeira (ohne Begleitschiffe), dann weiter über den Südatlantik mit Zwischenlandungen auf den Kanarischen Inseln, den Kapverdischen Inseln, São Pedro e São Paulo, Fernando de Noronha, dann Erreichen des südamerikanischen Kontinents in Recife mit Weiterflug über Bahia, Porto Seguro, Vitória bis Rio de Janeiro zu einem nationalen Mythos.

Ähnlich gefeiert wurde der Flug von Brito Paes und Sarmento de Beires von Lissabon nach Macau.

Ein weiterer Bereich, in dem sich liberale Grundsätze in die Praxis umsetzten und der seit je ein wichtiger Programmpunkt der republikanischen Partei gewesen war, war der Versuch, die Situation der Frau und der Familie in Portugal dem gültigen europäischen Standard anzunähern (1911 waren 77 Prozent der Frauen Analphabeten) sowie einen elementaren Rechtsschutz für Kinder durchzusetzen. Nachdem 1909 die Gründung der republikanischen Liga der portugiesischen Frauen erfolgt war, brachte die republikanische Gesetzgebung 1910 die Zivilehe mit prinzipiell gleichem Recht von Mann und Frau und die Möglichkeit der Scheidung. Das Wahlgesetz 1911 enthielt keine Bestimmung über das Wahlrecht der Frau, ein neues Wahlrecht 1913 verweigerte dies aber (es wurde erst 1931 in begrenztem Maße erreicht). 1911 wurde als erste Frau die in Berlin geborene und durch Heirat mit dem Kunsthistoriker Joaquim de Vasconcelos in Portugal heimisch gewordene Philologin, Literaturwissenschaftlerin und Volkskundlerin Carolina Michaelis de Vasconcelos (*A Saudade Portuguesa*, 1914) auf eine Universitätsprofessur berufen.

Entscheidende und bleibende Weichenstellungen vollzog die Republik, auch hier ganz in liberaler Tradition, im Verhältnis zwischen Staat und Kirche. Trotz der in den Jahren 1820–1834 erfolgten Nationalisierung des Kirchenbesitzes war die portugiesische Kirche nach wie vor einflussreich. Die Maßnahmen des 19. Jahrhunderts hatten sich im wesentlichen gegen die Orden, kaum gegen den Weltklerus gerichtet. Im Kultur- und Erziehungsbereich besaß die Kirche durch ihre Seminare, die auch den Armen eine kostenlose höhere Schulbildung boten, durch Eliteschulen für die höheren Kreise, durch ihre Arbeit in der Kinder- und Armenpflege und nicht zuletzt durch die zurückgekehrten Orden, besonders die Jesuiten, die vor allem über Laienorganisationen (z. B. das *Apostolado da Oração* mit zwei Millionen Mitgliedern) wirkten, eine starke Position. Träger des Antiklerikalismus war vor allem die Republikanische Partei (*Partido Republicano*), die in Orientierung an den entsprechenden französischen Gesetzen und Maßnahmen von 1905 den Kampf gegen die Kirche mit Ausweisung aller Orden (1910), der Beschlagnahme des gesamten kirchlichen Besitzes (auch des Weltklerus!), der Trennung von Staat und Kirche mit Religionsfreiheit, Abschaffung des Religionsunterrichts in den Schulen, Abschaffung religiöser Eide, kirchlicher Feiertage usw. besonders in den Jahren 1911–1913 führte. Ab 1912 formierte sich der katholische Widerstand, vor allem unter den Studenten und Universitätslehrern des *Centro Académico de Democracia Cristã* in Coimbra, zu denen auch der spätere Diktator Oliveira Salazar gehörte.

Waren einerseits bis 1913 die wesentlichen Vorhaben des politischen Antiklerikalismus vollzogen, brach er sich anderseits am Eintritt des Landes in den Ersten Weltkrieg, der zur Rücksichtnahme auf die religiöse Einstellung der ländlichen Massen zwang, aus denen sich das Gros der portugiesischen Truppen rekrutierte. Die Marienerscheinungen von Fátima von Mai bis Oktober 1917 und ihre Aufnahme sind bereits Ausdruck eines atmosphärischen Wandels, der schließlich sogar zur Wiederaufnahme der

1913 abgebrochenen Beziehungen zum Vatikan und zu der stillschweigenden und unauffälligen Rückkehr der Orden führte.

Vor dem Hintergrund einer Verfassung, die sich an den Prinzipien liberaler Demokratie orientierte, allerdings, wie auch in Frankreich und in anderen Staaten, das Wahlrecht auf den männlichen Teil der Bevölkerung beschränkte, entwickelte sich angesichts der starken Stellung des Parlaments eine zunehmend instabile, rasch wechselnde politische Szenerie mit zunehmender Zersplitterung der Parteien, unter anderem dem Zerfall der zunächst alles beherrschenden Republikanischen Partei in drei Gruppen, deren stärkste, die Demokratische Partei Afonso Costas, sich in einer Größenordnung bewegte, die bis zum Ende des Ersten Weltkriegs ihre Alleinregierung ermöglichte, sie danach aber von zum Teil unzuverlässigen Koalitionspartnern abhängig machte. 1916 trat Portugal auf Wunsch Englands, aber auch im Hinblick auf den Erhalt seiner Kolonien, denen im Falle der Absenz Portugals die Aufteilung durch die späteren Sieger zu drohen schien, in den Krieg gegen Deutschland ein. Portugiesische Verbände kämpften in Afrika und an der französischen Front, wo sie zum Teil hohe Verluste erlitten. Die vor allem für die ärmeren Schichten verzweifelt werdende soziale Lage führte im Dezember 1917 zu einem Aufstand Lissaboner Garnisonen, in deren Folge der charismatische Sidónio Pais, ehemals Gesandter in Deutschland, die Macht übernahm und im Rahmen einer Präsidialverfassung 1918 zum Präsidenten gewählt wurde. Trotz des teilweisen Rückzugs Portugals aus den Kriegshandlungen gelang es Sidónio Pais nicht, die Lage zu konsolidieren, zumal die demokratischen Parteien weitestgehend die Zusammenarbeit verweigerten. Auf den Verlust der öffentlichen Sympathien antwortete er mit zunehmender Repression und fiel im Dezember 1918 einem Attentat zum Opfer. In der folgenden Verwirrung wurde das Land, trotz vorübergehender Momente der Beruhigung, zunehmend in einen Strudel von Anarchie, Einmischungen des Militärs, Putschversuchen der Nationalgarde (1921) und zunehmender Radikalisierung und politischer Unübersichtlichkeit gezogen, und während man tendenziell sozialistische Maßnahmen ins Auge fasste, verlor die Republik die Unterstützung ihrer einstigen Säulen, der Armee, der Staatsbeamten und der Mittel- und Unterschichten Lissabons, aber auch des flachen Landes. Eine erfolgreich sich ausbreitende Revolte des Weltkriegsgenerals Gomes da Costa führte Ende Mai 1926 zum Rücktritt des greisen Präsidenten Bernardino Machado – eines Mannes aus den ersten Stunden der Republik – und im Juni zur Auflösung des Parlaments und damit zum praktischen Ende der Ersten Republik.

Der Aufstieg Salazars und sein *Estado Novo*

Der Übergang zum »Neuen Staat« vollzog sich nicht abrupt. Bis 1928 herrschten, ohne dass die republikanische Verfassung in ihren Prinzipien angetastet worden wäre, Militärs, im wesentlichen im Rahmen einer Militärdiktatur die Generäle Sinel de Cordes und Carmona, wobei es bis zu Beginn der dreißiger Jahre immer wieder zu Putschen und Revolten kam. Im April 1928 übernimmt unter der Präsidentschaft Carmonas in dem wesentlich zivilen und technokratischen Kabinett des Obristen Vicente de Freitas der Wirtschaftsprofessor Oliveira Salazar aus Coimbra zum zweiten Mal das Finanzministerium.

Der damals Siebenunddreißigjährige kam aus dem Kreis des konservativen katholischen *Centro Académico de Democracia Cristã*. Bekannt waren seine monarchistischen Sympathien. Seine Publikationen über Wirtschafts- und Finanzprobleme hatten ihm ein gewisses Prestige geschaffen, das sich durch seine erfolgreiche Politik des Budgetausgleichs, seine leicht verständlichen politischen Konzepte und eine unprätentiöse nüchterne Art der Präsentation festigte. In seinem Entwurf einer neuen zukünftigen Organisation des Landes, der sich 1929/30 konkretisierte, griff er bereits deutlich über den Finanzbereich hinaus; ab 1932 betrieb er als Regierungschef die praktische Umsetzung seiner Vorstellungen.

Dieser Entwurf situierte sich im Kontext einer rechten Ideologie, wie sie sich in Portugal in den letzten Jahren des 19. Jahrhunderts etabliert hatte. Konkretes Vorbild war die *Action Française* des Charles Maurras, aber man folgte damit letztlich einer allgemeinen, den Positivismus ablösenden und Vitalismus und Irrationalismus valorisierenden europäischen Geistesströmung. Später wirkte dann der italienische Faschismus als Muster. Ein genereller Aspekt des zeitgenössischen rechten Denkens war die Ablehnung der Tradition der Aufklärung und der Französischen Revolution; man stand gegen Liberalismus, Demokratie – sofern man sich ihrer Prinzipien nicht zur Durchsetzung nationaler Ziele bedienen konnte –, auch gegen die konstitutionelle Monarchie und gegen ideologische Grundpositionen des 19. Jahrhunderts wie Fortschritt, Freiheit, Kosmopolitismus, Positivismus, Atheismus etc. Das rechte Menschenbild lehnte vor allem den »Individualismus« ab, d.h. die grundsätzliche politische, juristische, philosophische Definition des Menschen als Einzelwesen und letztes Atom der Gesellschaft; man stellte ihm eine Sicht des Menschen als Teil ›natürlicher‹ oder ›organischer‹ Einheiten wie Stand, soziale oder ethnische Gruppe, vor allem aber der Familie entgegen. Im Zuge einer zunehmenden politischen Präzisierung dieses Denkens forderte die portugiesische Rechte, die sich politisch als *Integralismo Lusitano* um den Politiker, Dichter und Philosophen António Sardinha (1888–1925) und andere sammelte und zum gegebenen Zeitpunkt den ermordeten Sidónio Pais als Märtyrerfigur aufbaute, prinzipiell die absolutistische Monarchie, gestützt auf Religion und eine korporative staatliche Ordnung. In der Einschätzung der sozialen Frage orientierte man sich an der Enzyklika *Rerum Novarum* Leos XIII. Die monarchischen Hoffnungen scheiterten freilich an der ablehnenden Haltung des exilierten Manuel II. und der geringen Popularität des ebenfalls ins Spiel gebrachten Prinzen Duarte Nuno, Enkel des absolutistischen Dom Miguel, und zerschlugen sich endgültig mit dem Tod Manuels II. im Jahre 1932.

Der »Neue Staat« (*Estado Novo*), ein Begriff aus dem Jahr 1930, der beibehalten wurde, betrachtete als Urzelle der Gesellschaft die Familie und organisierte die Nation auf der Basis sozialer und ständischer Gruppierungen (in nationalen Gewerkschaften, *grémios, casas do povo, casas dos pescadores*), wobei – in prinzipieller Absage an den Klassenkampfgedanken – die organisatorische Verbindung und

Zusammenfassung von Arbeitgebern und Arbeitnehmern in übergreifenden Strukturen bei tendenzieller Schaffung von Einheitsorganisationen der Produktivkräfte sowie Beiordnung von Organen zur Koordinierung und staatlichen Lenkung (*commissões reguladoras, juntas nacionais*) zum Prinzip wurde – ein System, das sich angesichts seiner Kompliziertheit nur langsam konstituierte, in das der Staat praktisch dauernd eingreifen musste und konnte und das sich bald als produktionsbehindernd erwies. Die Mitgliedschaft in den entsprechenden Körperschaften war meist obligatorisch, anderseits war in den sechziger Jahren erst etwa ein Fünftel der Landbevölkerung in den entsprechenden *casas do povo* erfasst und der Aufbau des Systems selbst 1974 noch nicht abgeschlossen. Dieses System, das in vielem fast ›sozialistisch‹ anmutet, organisierte und verwandelte das Land in einem 40jährigen Prozess entscheidend. Es bediente sich dabei freilich nicht nur der eben genannten politisch-wirtschaftlichen Strukturierung, sondern zu ihrer Durchsetzung und zum eigenen Machterhalt der für die autoritären und totalitären Regime des 20. Jahrhunderts charakteristischen Instrumente: der weitgehenden Organisierung der Bevölkerung, vor allem der Jugend, in Massenorganisationen, der Zensur und eines vornehmlich politisch ausgerichteten Polizeiapparats. Im Zuge des zunehmenden Einflusses der Integralisten ab 1933 als »Nationale Syndikalisten«, später als *União Nacional*, wurde 1936 die *Legião Portuguesa*, eine paramilitärisch-politische Massenorganisation mit dezidiert antikommunistischer Orientierung (vor allem während des spanischen Bürgerkriegs) gegründet, die vor allem den öffentlichen Dienst über eine Quasi-Pflichtmitgliedschaft erfasste und der als

Jugendorganisation die *Mocidade Portuguesa* an die Seite trat, die nach dem Vorbild der Hitlerjugend und entsprechender italienischer Organisationen die 11- bis 14jährigen organisierte. Zur patriotischen Indoktrinierung traten entsprechende äußere Formen (Uniformierung, »römischer Gruß« u.ä.). Charakteristisch für das mentale Klima der Nation war allerdings auch das rasche Abflauen der politischen Begeisterung und Aktivität innerhalb der Bewegung; nichtsdestoweniger (oder vielleicht gerade deshalb) überlebten diese Organisationen, zum Teil bei moderneren Aufgabenzuweisungen, bis 1974.

Die Zensur, die 1926 zunächst für die Presse eingeführt und schrittweie auf andere Medien ausgeweitet wurde (offiziell nicht auf Bücher, obwohl solche beschlagnahmt werden konnten), war – bei selbstverständlich existierenden übergreifenden Richtlinien – durch einen hohen Grad von ›Selbständigkeit‹ der jeweiligen Zensoren gekennzeichnet, was zu weitgehend willkürlichen, auch absurden Entscheidungen führte. Es gelang der Zensur nie, oppositionelles Denken und Schreiben zu unterbinden. Selbst grundlegendes marxistisches Gedankengut und entsprechende Intentionen wurden etwa in den vierziger und fünfziger Jahren unter Begriffen wie »neuer Humanismus«, »humanistischer Realismus«, »Neorealismus« etc. in Zeitschriften wie *Vértice* und *Seara Nova* im gegebenen Rahmen allgemein zugänglich verbreitet, wobei freilich die Zitierung einschlägiger Namen und Begriffe (z.B. »Marx«, »kommunistisch« etc.) ebenso konsequent unterblieb wie etwa die explizite Formulierung einschlägiger politischer Schlussfolgerungen oder Forderungen. Ebenso wenig fehlte es etwa in der Lyrik der Epoche an Motiven und Metaphern (z.B.

Portugal als »belagertes« oder »besetztes Land« o.ä.), die recht eindeutig als politische Äußerungen zu lesen waren, aber ebenso die Zensur passierten wie die unzähligen negativ und pessimistisch eingefärbten Darstellungen privater wie öffentlicher Realität. Einerseits ist für diese relative ›Liberalität‹ wohl nicht zuletzt die Tatsache verantwortlich, dass sich Widerstandsakte dieser Art weitgehend auf einen relativ eng eingegrenzten und politisch nicht unmittelbar virulenten intellektuellen Bereich beschränkten, der noch dazu auf diese Weise leicht kontrollierbar blieb (nicht zuletzt durch die Inspizierung von Abonnentenlisten etc.). Anderseits erzeugte diese relativ willkürlich, aber eben doch immer wieder zugreifende Zensur beim Produzierenden die mentale Gewohnheit der Selbstzensur, was sicher eines der Hauptziele war. Ein literarisch bedauerlicher, aber im Sinn der Zensur eher kontraproduktiver Effekt war hingegen eine sich bei weiten Leserschichten einstellende Deformierung des Leseverhaltens, insofern Literatur weitgehend nur noch auf versteckte regimekritische Äußerungen hin gelesen wurde und regimekritische Gedankengänge durch das Erfolgserlebnis des Erkennens affektiv positiv besetzt wurden.

Die Geheimpolizei, die schon vor 1926 existiert hatte, erfuhr 1930 eine Reorganisation (P.V.D.E., ab 1945 P.I.D.E., *Polícia Internacional e de Defesa do Estado*) und verstärkte ihren Einfluss in einem der Inquisition vergleichbaren Maß zu einer Art – realen oder vermeintlichen – Allgegenwart im Staat. Neben einer Anzahl politischer Morde und brutaler Foltermethoden, so etwa in dem gefürchteten Straflager Tarrafal auf Cabo Verde (1936–1956) oder auch nur der Gefangenhaltung in Gefängnissen unter unerträglichen Bedingungen, die auf ihr Konto gehen, schuf sie in breitesten Kreisen durch willkürliche oder gegenüber den Betroffenen nicht begründete Verhaftungen, Festhaltungen und Maßregelungen ein allgemeines Klima der Bedrohung und Einschüchterung. Hauptopfer waren Kommunisten und linke Kräfte, wobei die Härte des Vorgehens oft sozial deutlich abgestuft war.

Neben der P.I.D.E. gewannen auch die ›normalen‹ Polizeiformationen, die ebenfalls bereits vorher existiert hatten (*Polícia de Segurança, Guarda Nacional Republicana, Guarda Fiscal*) an Macht. Direkte Einflussmöglichkeiten des Regimes existierten natürlich gegenüber dem öffentlichen Dienst, indirekter Druck konnte unauffällig auf jedermann über die Verwaltung ausgeübt werden. Treffend scheint uns die Charakterisierung der Situation durch den Historiker Hermínio Martins:

> Der Fall Portugal stellt ein Lehrstück zur Ökonomie des Terrors dar. Es gibt eine maximale Effizienz und Wirkungsbreite von Terror, der die gesamte Bevölkerung erfasst, ohne dass es zur Ausrottung zahlenmäßig größerer Kontingente kommen muss, wobei doch die optimale Sichtbarkeit oder Öffentlichmachung wie auch Grausamkeit gewahrt bleiben. Das portugiesische Regime hat insoweit einen optimalen Koeffizienten erreicht: Mit einer kleinen Zahl politischer Morde und Verhaftungen (zwischen 1948 und 1959 schwankte die Jahresrate der von der P.I.D.E. bei den politischen Gerichten registrierten »Fälle« zwischen 700 und 2000) gelang es ihm, die ihm ausgelieferte Bevölkerung politisch zu atomisieren und die Opposition der Eliten zu läh-

men. Ein Teil seines Erfolgs ist durch den konstanten Charakter seiner Repression, ohne weite Ausschläge zwischen »Verhärtungen« und »Liberalisierungen«, bedingt.

Verfassungsmäßig bewahrte das Regime auch nach der Verfassungsreform von 1933 Strukturen und Formen, die grundsätzlich noch denen einer parlamentarischen Demokratie entsprachen, wobei freilich integralistisch-faschistische Tendenzen deutlich erkennbar sind. Gegenüber der vom Volk für vier Jahre gewählten Nationalversammlung und der *Câmara corporativa* (entsprechend etwa einem Senat oder einer Ständekammer), die in der Praxis eine minimale Rolle spielten, befinden sich der vom Volk direkt gewählte Präsident und die Regierung in betont starker Position. Die in der Praxis wiederum eher unscheinbare Rolle des Präsidenten ergab sich nicht zuletzt aus dem Charakter der Persönlichkeiten, die das Amt bekleideten, und, in letzter Instanz, dem Machtwillen und der langen Regierungszeit (36 Jahre) des Ministerpräsidenten Salazar.

Das Regime behielt auch prinzipiell den laizistischen Charakter der Republik bei. Bei zwar grundsätzlich kirchenfreundlicher Orientierung – und dem persönlich praktizierten Katholizismus Salazars – fehlte dem portugiesischen Staat das Kreuzzugssyndrom des Franco-Staats. Die Trennung von Staat und Kirche blieb erhalten. Als politisches Kriterium spielte Religion keine Rolle. Das Konkordat von 1940 enthielt zwar die Wiedereinführung des freilich nicht obligatorischen Religionsunterrichts an den Schulen und die Abschaffung der Scheidung für kirchlich Getraute, tastete aber die Zivilehe und die zivile Scheidung nicht an. Auch in anderen Bereichen (Kirchenvermögen, Definierung sakraler Räume etc.) ist eine deutliche Markierung staatlicher Rechtsräume gegenüber der Kirche unverkennbar (z. B. keine Eidesleistung auf religiöser Basis, keine theologischen Fakultäten an den Universitäten). Grundsätzlich ist die Haltung des Regimes gegenüber der Kirche von seinem Selbstverständnis als Verteidiger nationaler und westlicher und damit auch – aber nicht ausschließlich – christlicher Tradition bestimmt.

In seinem Selbstverständnis orientierte sich das Regime ganz allgemein an der mythischen Vorstellung eines »ewigen Portugal«, unveränderlicher zivilisatorischer Werte und einer unveränderlichen zivilisatorischen Mission Portugals, und so grenzte es sich auch immer wieder gegenüber einer politisch, geistig und moralisch im Niedergang empfundenen westlichen Welt und dem die Ideale dieser westlichen Tradition direkt verleugnenden und bedrohenden Ostblock ab, mit dem Portugal auch keine offiziellen diplomatischen Beziehungen (Ausnahme Kuba) unterhielt. Das Verhalten der Weltgemeinschaft in der zunehmend brisant werdenden Frage der portugiesischen Kolonien stellte für Salazar eine Bestätigung dieser Einschätzung dar. Obwohl die portugiesische Politik, gestützt auf diese Perspektive und bedingt durch eine zunehmende geistige Erstarrung und Selbstisolation des Diktators, faktisch zunehmend eine Tendenz zu Selbstgenügsamkeit, Stillstand und Unbeweglichkeit zeigte, die ideologisch durchaus als weitgehend positiv empfunden wurden, hat das Regime natürlich selbst eine politische Geschichte erlebt. Der Übergang von 1926 bis 1932 hatte sich schrittweise vollzogen, die Jahre 1932/33 stellen mit der Erledigung der Monarchiefrage und der Annahme der neuen Verfassung in einer Volksabstimmung (1933) einen deutlichen Einschnitt dar. Nach anfänglichen Widerständen noch zu Beginn der dreißiger Jahre auch aus rechten und monarchistischen Kreisen bedeuten die Jahre 1936–1945 eine Phase der Konsolidierung. Außenpolitisch begegnet man dem Regime zum Teil mit Sympathie (Italien) oder akzeptiert es zumindest als System, das Ruhe und Ordnung garantiert (England). Das Verhältnis zum Spanien Primo de Riveras ist aufgrund ähnlicher politischer Orientierung gut, es kompliziert sich bei der Proklamierung der Republik (1931) und bessert sich wieder, als die Republik nach rechts schwenkt. Bei Ausbruch des Bürgerkriegs unterstützt Portugal Franco; portugiesische Freiwillige kämpfen auf seiner Seite. Im Zweiten Weltkrieg blieb Portugal neutral, musste aber alliierte Militärbasen auf den Azoren hinnehmen sowie die Besetzung Timors zunächst durch australische, dann japanische Truppen. Es bot vielen aus Deutschland und Frankreich Geflüchteten offen oder stillschweigend Unterschlupf oder Weiterreisemöglichkeiten, arrangierte sich aber ebenso mit der Anwesenheit von Agenten und Vertretern der Achsenmächte im Land.

Portugal überstand den Krieg als ein wirtschaftlich relativ konsolidiertes Land. Kurz nach seiner Machtübernahme war Salazar die Ordnung der Staatsfinanzen gelungen und das Land lebte bis zum Sturz des Regimes 1974 mit einem ausgeglichenen Budget, das auch zunehmend ein ausgedehntes Programm öffentlicher Bauten, vor allem die Erneuerung und Instandsetzung des Straßennetzes, die Errichtung von Talsperren etc. möglich machte. Dieser Trend setzte sich auch nach dem Ende des Zweiten Weltkriegs fort (unter anderem Aufbau des Universitätsviertels in Coimbra ab 1948, in Lissabon 1953, Eröffnung der Brücke über den Tejo 1966). Auch die nach russischem Vorbild durchgeführten Aufbaupläne (*planos de fomento*) blieben nicht wirkungslos. Außenwirtschaftlich löste sich das Land aus seiner immer noch weitgehenden Fixierung auf Großbritannien, und die portugiesischen Überseegebiete gewannen an Gewicht. Doch trotz unbestreitbarer Fortschritte, vor allem in der Phase nach dem Zweiten Weltkrieg, war Portugal weit davon entfernt, ein entwickeltes Land zu sein. Sein Pro-Kopf-Einkommen gehörte zu den niedrigsten in Europa, das sich wirtschaftlich viel rascher entwickelte und demgegenüber sich Portugal, besonders seit Beginn des Kriegs in den Überseegebieten, zunehmend isolierte. Besonders in den sechziger Jahren belasteten Entwicklungsmaßnahmen in den Überseegebieten, dann aber auch das Anwachsen der militärischen Ausgaben (zum Teil bis zu 50 Prozent des Budgets) den Staatshaushalt schwer. Und während in den übrigen europäischen Ländern die wirtschaftliche Entwicklung sich auf breiter Basis mit kultureller Entwicklung oder zumindest Veränderung verband, wurde die portugiesische Kultursituation weitgehend als Stillstand und Abschließung empfunden. Die Rezeption von kulturellen Entwicklungen des Auslandes vollzog sich zunehmend in der Abschließung der portugiesischen Intelligenz gegenüber dem, was ihr natürlicher ›Hallraum‹ gewesen wäre.

Mit Ende des Zweiten Weltkriegs hoffte die portugiesische Opposition auf den Sturz des Salazar-Regimes. Außenpolitischer Druck ermöglichte Wahlen im November

1945, auf die sich freilich infolge der kurzfristigen Ansetzung und (vorübergehenden) Aufhebung der Zensur die Opposition, hauptsächlich das neugegründete *Movimento de Unidade Democrática* (M.U.D.) nur ungenügend vorbereiten konnte und schließlich seine Teilnahme verweigerte, was zu einem Totalsieg der Regierungsgruppierung *União Nacional* führte – ein Vorgang, der sich von nun an bis 1965 alle vier Jahre wiederholen sollte. Ähnliches vollzog sich bei den Präsidentenwahlen 1949 und 1951. Freilich hatten die Vorgänge um die Wahlen 1945 die Stärke der Opposition und das Maß der Unzufriedenheit deutlich gemacht. Zwei Militärrevolten (1946, 1947) mussten niedergeschlagen werden. Die Mitgliedschaft Portugals in der NATO seit ihrer Gründung 1949 leitete das Ende der internationalen Isolierungspolitik gegen das Land ein, das 1955 auch den Vereinten Nationen beitrat.

1958 markiert den Beginn der zweiten politischen Krise, die praktisch bis zum Ende des Regimes dauern sollte. Zunehmend opponierten jüngere technokratische Kräfte innerhalb der *União Nacional* – unter ihnen der Lissaboner Rechtsprofessor Marcelo Caetano. Unruhe und Aufsehen erregten die Vorgänge um den Luftwaffengeneral Humberto Delgado, einen ehemaligen Parteigänger Salazars, der nach einer aufsehenerregenden, bis zum Ende geführten Wahlkampagne gegen den salazaristischen Kandidaten Admiral Américo Tomás zwar nur 25 Prozent der Stimmen errang, sich aber angesichts einer vermuteten Wahlfälschung als Sieger sah und unter der nach der Wahl einsetzenden Repression in die brasilianische Botschaft, später nach Brasilien und Algerien flüchtete. (Er wurde 1965 bei einem geheimen Grenzübertritt von Spanien nach Portugal unter mysteriösen Umständen ermordet.) Von da an kam das Land nicht mehr zur Ruhe. Anfang 1959 rebellieren Katholiken in Lissabon. Im April 1959 scheitert ein Staatsstreich. Im Dezember 1961 besetzt Indien nach jahrelangem Nervenkrieg Goa, einst Hauptstadt und seit langem fast einziger und isolierter Rest des portugiesischen Imperiums im Osten (neben Macau). Den Anfang des Jahres 1962 begleiten eine militärische Revolte in Beja und Studentenunruhen. 1963 beginnt der Krieg in Portugiesisch-Guinea, 1964 in Moçambique, ein Krieg, der auf nahezu alle portugiesischen Überseeterritorien übergreifen sollte und nach mehr als einem Jahrzehnt erheblicher Verluste an Menschenleben und zunehmender Verarmung zum Sturz des Regimes und zur Unabhängigkeit der Überseegebiete führen sollte.

Im Inland nahm die Repression zu. Und dann ein unerwartetes Ereignis: Bei einem häuslichen Unfall verletzte sich der 79jährige Salazar schwer, Komplikationen bei der nachfolgenden Operation verlangten seine notwendige und definitive Entfernung aus seinem Amt (1968). Zum Regierungschef wurde Marcelo Caetano ernannt.

Mit Caetano trat das Regime in seine Endphase. Caetanos Politik strebte wohl eine Öffnung, aber keine grundsätzliche Beseitigung des Regimes an. Spätestens nach den Wahlen von 1969, die sich einigermaßen frei vollzogen (auch Stimmrecht für Frauen), aber de facto die Opposition wie zu Salazars Zeiten benachteiligten und bei wiederum sehr niedriger Wahlbeteiligung einen Sieg der *União Nacional* (ab 1969 *Acção Nacional Popular*) brachten, endeten die Flitterwochen mit der Opposition. Die Proteste und die Repression nahmen wieder zu. Der eben erst aus dem

Exil zurückgerufene oppositionelle Mário Soares kehrte ins Exil zurück. Zu Beginn der siebziger Jahre hatte sich die Einsicht durchgesetzt, dass ein Ende des Krieges nicht abzusehen war, dass eine politische Erneuerung – die Wahlen von 1971 machten es deutlich – nicht möglich oder erwünscht war; soziale Spannungen zwischen Kapital und mittlerem Bürgertum, verstärkt durch eine aufsteigende Arbeiterschaft, nahmen zu. Im Februar 1974 veröffentlichte der ehemalige Gouverneur von Portugiesisch-Guinea, nun Vize-Kommandant des Generalstabs, General António Spínola, im Einverständnis mit seinem Kommandanten Costa Gomes sein Buch *Portugal und die Zukunft*, dessen Perspektiven und Forderungen als Aufforderung zum Staatsstreich verstanden werden konnten. Nach einer niedergeschlagenen Militärrevolte in Caldas da Rainha erhob sich am Morgen des 25. April 1974 die gesamte Armee. Das Regime brach ohne nennenswerten Widerstand und praktisch ohne Blutvergießen innerhalb weniger Stunden zusammen. Caetano und Américo Tomás wurden in Madeira interniert. Spínola und Costa Gomes traten an die Spitze einer »Junta der nationalen Rettung« (*Junta da Salvação Nacional*).

Portugal nach der Nelkenrevolution

Epochenüberblick

Die Nelkenrevolution leitete nach einer Phase von einem halben Jahrhundert Diktatur einen neuen Zyklus in der portugiesischen Geschichte ein. Nun war die Möglichkeit gegeben, sich von einer auch materiell schwer lastenden Kolonialvergangenheit zu befreien, Bedingungen für die von der überwiegenden Zahl der Bevölkerung gewünschten besseren Lebensverhältnisse zu schaffen, das Land auch im Inneren zu öffnen, sich in einer dem Land nicht mehr ablehnend gegenüberstehenden internationalen Gemeinschaft neu zu situieren und bei all dem nicht in die Fehler zu verfallen, die die Diktatur einst möglich gemacht hatten. Die Jahre 1974 bis 1976 bringen erste Klärungen: Konflikte zwischen dem Militärrat (MFA) und einer sich formierenden zivilen Regierung brechen auf; die Wahlen von 1975 geben ein erstes objektives Bild der realen Stärkeverhältnisse der politisch aktiven, agierenden und agitierenden Gruppen, 1976 wird eine demokratische Verfassung verkündet, die freilich erkennbar Spuren der vorwiegend marxistischen Orientierung des Militärrats trägt.

Bis Ende 1975 werden fast alle Überseebesitzungen Portugals in die Unabhängigkeit (Ausnahmen Ost-Timor, Macau) entlassen.

Die Verfassung von 1976 wird mit gewissen Veränderungen (1982, 1989) die Arbeitsgrundlage des politischen Lebens der neuen Republik, das sich ab 1976 in ›normalen‹ demokratisch-parlamentarischen Bahnen bewegt. Das Parteienspektrum reicht von programmatisch eindeutig rechts bis extrem links. Das Zentrum bestimmen, wie in den meisten europäischen Demokratien, zwei große Parteien, die »Sozial-Demokratische Partei« (PSD) bürgerlichen Zuschnitts und die links orientierte »Sozialistische Partei« (PS). Sie stellen über längere oder kürzere Zeiträume allein oder in Koalitionen abwechselnd die Regierungen. Längere prägende Phasen waren der neoliberal orientierte *Cavaquismo* (PSD, 1985–1995, nach dem Ministerpräsidenten Cavaco Silva) und die »Ära Sócrates« (PS, 2005–2011). Alle Parteien mit Ausnahme der Kommunisten (PC) und der extrem linken Parteien zeigten sich von Anfang an deutlich pro-europäisch orientiert. Seit 1986 ist Portugal Mitglied der Europäischen Union und seit 2002 Mitglied der Euro-Zone.

1974, 21. April	Formierung einer Gruppe von Offizieren als »Bewegung der Streitkräfte« (MFA, *Movimento das Forças Armadas*). Beschluss eines Armeeputsches
1974, 25. April	Nelkenrevolution. Etablierung einer »Junta der nationalen Rettung« (*Junta de Salvação Nacional*) mit General António Spínola an der Spitze. Ausschaltung Caetanos und des Staatspräsidenten Américo Tomás
1974, 15. Mai	Spínola wird Staatspräsident. Zunehmend radikaler Kurs des MFA und des zweiten Ministerpräsidenten Vasco dos Santos Gonçalves (Agrarreform, Verstaatlichung der Banken etc.)
1974, 30. September	Rücktritt Spínolas. Nachfolger General Francisco da Costa Gomes
1974–1975	Entlassung aller portugiesischen Übersee-territorien in die Unabhängigkeit (Ausnahmen Macau, Ost-Timor, das 1975 von Indonesien

	besetzt und annektiert und erst 2002 endgültig unabhängig wird)
1975, 11. März	Scheitern eines Putschversuchs der Anhänger Spínolas. Etablierung eines Revolutionsrates, der sich zu einer Art Nebenregierung entwickelt
1975, 25. April	Wahlen zur Verfassunggebenden Versammlung
1976, 2. April	Verabschiedung einer neuen Verfassung (Dritte Republik)
1976, 25. April	Erste freie Parlamentswahlen. Sozialisten (PS) stärkste Partei, erreichen jedoch keine Mehrheit
1976, 27. Juli	Wahl des Generals António Ramalho Eanes zum Staatspräsidenten
1976, 23. September	Mário Soares (PS) Ministerpräsident (Minderheitsregierung)
1976, 22. September	Aufnahme Portugals in den Europarat
1979	Vorgezogene Neuwahlen, Sieg der Konservativen (PSD) unter Francisco Sá Carneiro
1980	Sá Carneiro Ministerpräsident. Stirbt im selben Jahr bei einem Flugzeugabsturz
1981–1983	Francisco Pinto Balsemão Ministerpräsident (PSD)
1982	Verfassungsreform
1983	Parlamentswahlen. Stärkste Partei Sozialisten. Mário Soares Ministerpräsident (Koalition PS/PSD)
1985	Parlamentswahlen. Wahlsieg PSD. Ministerpräsiden Cavaco Silva. Wiederholt in den kommenden Wahlen seinen Erfolg. Phase des neoliberalen *Cavaquismo* bis 1995
1986	Eintritt Portugals in die Europäische Gemeinschaft
1986	Mário Soares folgt Eanes als Staatspräsident nach.
1991	Präsidentschaftswahl. Mário Soares bleibt Staatspräsident.

1991	Parlamentswahlen. Cavaco Silva wieder Ministerpräsident
1995	Parlamentswahlen. Sieg des PS. Ministerpräsident wird António Guterres (PS).
1996	Präsidentschaftswahlen. Staatspräsident wird Jorge Sampaio.
1999	Übergabe Macaus an China
2002	Portugal tritt der Euro-Zone bei.
2002	Vorgezogene Parlamentswahlen. Sieg des PSD. Ministerpräsident José Manuel Durão Barroso
2004	Rücktritt Barrosos als Ministerpräsident. Er wird als Nachfolger Romano Prodis Präsident der Europäischen Kommission.
2004–2005	Ministerpräsident Pedro Santana Lopes (PSD)
2005	Vorgezogene Neuwahlen. Absolute Mehrheit der Sozialisten (PS). Ministerpräsident José Sócrates
2006	Präsidentschaftswahlen. Staatspräsident wird Cavaco Silva.
2009	Parlamentswahlen. PS regiert mit einer Minderheitsregierung weiter.
2010	Ernste finanzielle Probleme beginnen sich abzuzeichnen.
2011	Präsidentschaftswahlen. Cavaco Silva wird als Staatspräsident bestätigt.
2011	Ablehnung des von Sócrates konzipierten Sparprogramms durch PSD, Kommunisten und Linksblock (BE). Im März Rücktritt von Ministerpräsident Sócrates, bleibt kommissarisch im Amt. Bittet EU und Internationalen Währungsfond um Kredithilfe. Im Mai Bewilligung eines Kreditpakets von 78 Milliarden Euro. Die geforderten Sparmaßnahmen treffen die portugiesische Bevölkerung hart.
2011	Vorgezogene Parlamentswahlen. Sieg des PSD. Ministerpräsident wird Pedro Passos Coelho.

Eine Phase des Übergangs: 1974–1976

1974 markiert den Beginn eines neuen Zyklus in der Geschichte Portugals. Dass die Nelkenrevolution (nach den roten Nelken in den Gewehrläufen der Soldaten) zu einem Mythos wurde, verdankt sie nicht zuletzt der Tatsache, dass sie weitgehend dem von der Linken in den ausgehenden sechziger Jahren erträumten Idealbild einer fast gewaltlosen, vom Konsens der gesamten Gesellschaft getragenen, heiter in Feierstimmung übergehenden Revolution entsprach. Aufgrund der noch von Salazar angesammelten Rücklagen überstand das Land ohne dramatische Zwangslagen ein längeres weitgehendes Erliegen seiner Wirtschaftstätigkeit.

Auf der Führungsebene kam es bald zu Reibereien zwischen dem die Revolution tragenden *Movimento das Forças Armadas* (MFA) mit seiner Junta, deren Programm keine präzisen ideologischen Vorstellungen enthielt und eine allgemeine Verbesserung der Situation anstrebte, und der sich konstituierenden, im wesentlichen zivilen Regierung. Die ab Juli 1974 amtierende zweite Regierung unter dem Ministerpräsidenten Vasco Gonçalves setzte sich hingegen weitgehend aus Militärs zusammen und beunruhigte viele durch ihre radikale und eindeutige Linkstendenz. Im September 1974 tritt Spínola nach einem misslungenen Staatsstreich als Präsident zurück, eine im März 1975 scheiternde Revolte führt zur Etablierung eines »Revolutionsrates« anstelle der Junta. Endlich klärten die Wahlen vom 25. April 1975 die Situation: Die immer energischer ihren Machtanspruch anmeldenden Kommunisten errangen nur 12,5 Prozent der Stimmen, die Sozialisten fast 38 Prozent, der Rest ging an bürgerliche und konservative Parteien und Gruppierungen. In den folgenden schweren Konflikten verloren die die Regierung bildenden Militärs und die sie inspirierenden Kommunisten rasch die Unterstützung der Armee. Mit der Entlassung von Vasco Gonçalves und einer neuen Regierung unter starker Beteiligung der Sozialisten (Ministerpräsident Admiral Pinheiro de Azevedo) tritt die politische Normalität in ihre Rechte.

Die Unabhängigkeit der portugiesischen Überseebesitzungen

Die möglichst umgehende Entlassung der Überseeterritorien in die Unabhängigkeit war eine unumgängliche praktische Notwendigkeit, entsprach aber wohl auch dem ideologischen politischen Konzept der herrschenden Kräfte. Die älteste europäische Kolonialmacht hatte sich am längsten gegen die Trennung von ihren Überseebesitzungen gesträubt. Das Übergreifen Portugals auf außereuropäische Territorien hatte mit der Eroberung Ceutas (1415), der Besetzung und Besiedelung Madeiras (1420) und der Azoren (1427) und der versuchten, weitgehend als Fortsetzung der Reconquista gesehenen, aber schließlich scheiternden Landnahme in Nordafrika im 15. und 16. Jahrhundert begonnen. Ein gewichtiger wirtschaftlicher Grund waren die notwendigen Getreideimporte aus Nordafrika. Das Ausgreifen entlang der westafrikanischen Küste und dann im Indischen Ozean geschah zumindest zunächst eher in Form der Errichtung von Faktoreien oder Festungen, die als Handelsplätze und als Stützpunkte für die Seeherrschaft im Indischen Ozean und östlich von Goa zu dienen hatten. Eine ausgedehnte Landnahme war Portugal zunächst schon aus demographischen Gründen nicht möglich. Nur in Brasilien gelang dies aufgrund der militärischen und organisatorischen Überlegenheit der Portugiesen gegenüber der Urbevölkerung, aber auch ihrer Anpassungsfähigkeit an ungünstige geographische und klimatische Bedingungen. Im Laufe des 17. und 18. Jahrhunderts hatte Portugal sein östliches Reich an Niederländer und Engländer verloren. Erfolgreich verteidigten sich allerdings die portugiesischen Kolonisten in Brasilien gegen Franzosen und Niederländer. Im 19. und 20. Jahrhundert waren, nach dem Verlust Brasiliens, Portugal nur Angola und Moçambique, deren Hinterland erst jetzt erschlossen wurde, und einige kleinere Stützpunkte oder Territorien in Westafrika, Indien und Ostasien geblieben.

Die Entwicklung des portugiesischen Kolonialreichs lässt sich im Vergleich mit der des französischen charakterisieren: Frankreich nahm 1534 erste Überseegebiete am St.-Lorenz-Strom in Besitz, baute sein Kolonialreich vor allem in Nordamerika auf – Versuche, in Südamerika Fuß zu fassen, scheiterten an den Portugiesen – und verlor dieses erste Kolonialreich bis auf wenige Reste durch den Pariser Frieden 1763 wieder an England. Das zweite französische Kolonialreich, immerhin das zweitgrößte im 19. und 20. Jahrhundert, nimmt seinen Anfang 1830 mit der Besetzung Algeriens. Bis zum Ende des 19. Jahrhunderts erobert Frankreich die gesamte Sahara und den größten Teil von West- sowie Zentralafrika. In der zweiten Hälfte des 19. Jahrhunderts errichtete es seine Herrschaft über Indochina. Daneben besaß es Inseln im Indischen Ozean und in

Ozeanien sowie ein kleines Territorium in Indien. Frankreich verliert seine Überseegebiete, sei es nach harten militärischen Auseinandersetzungen (Indochina, Algerien) – wobei als Zwischenstadium einige dieser Gebiete noch zu integrierenden Teilen des Mutterlandes erklärt worden waren, z. B. Algerien –, sei es als weitgehend gewaltfreie Entlassung in die Unabhängigkeit, wobei sie teilweise in lockerer Form mit der ehemaligen Kolonialmacht verbunden blieben (z. B. in der *Communauté française*, die erst 1995 formell aufgelöst wurde). Die Auflösung des französischen Kolonialreichs begann mit dem Verlust Indochinas 1954; es folgten der Verlust seiner Territorien auf dem indischen Subkontinent bis 1956, die Unabhängigkeit Tunesiens und Marokkos 1956, die Unabhängigkeit der westafrikanischen Gebiete 1960 und schließlich, als Ende des Algerienkriegs, die Unabhängigkeit Algeriens 1962; in den siebziger Jahren wurden noch die Komoren (1975) mit Ausnahme von Mayotte und Dschibuti (1977) unabhängig. Geblieben sind Frankreich von seinen Überseebesitzungen Französisch-Guayana, einige Inseln als Französisch-Westindien sowie Französisch-Polynesien, Réunion und Mayotte, daneben St. Pierre und Miquelon vor der Küste Kanadas. Diese Gebiete sind, mit Ausnahme Französisch-Polynesiens, das aber der EU angegliedert ist, Übersee-Departements Frankreichs und somit Mitglieder der EU.

Während Frankreich Gebiete verliert oder abgibt, die – mit Ausnahme Algeriens – etwa hundert Jahre oder weniger in französischem Besitz waren, geht es bei Portugal um Territorien, die vierhundertfünfzig Jahre lang allgemein als Besitz oder gar Teil Portugals empfunden wurden. Diese

Überzeugung dürfte auch in der breiten Volksmeinung erst mit dem Fortgang des zermürbenden und ohne Aussicht auf Erfolg oder Unterstützung von außen geführten Kriegs relativiert worden sein. Eine dementsprechende Änderung der portugiesischen Politik, wie sie in einer Demokratie möglich gewesen wäre und in der Tat bei den anderen Kolonialmächten stattgefunden hat und bis etwa 1960 (Ausnahme etwa das heutige Zimbabwe) zu einer Aufgabe ihrer überseeischen Gebiete geführt hat, wurde durch den Diktator und die ihm folgende politische Klasse verhindert, die einem jahrhundertealten imperialen und zivilisatorischen Anspruch folgten und wohl auch weitgehend ohne das Bewusstsein einer moralischen Fragwürdigkeit dieses Anspruchs ihren angenommenen Besitz mit Waffengewalt zu erhalten suchten.

In der Tat hatte spätestens seit dem Verlust Brasiliens und der Neuorientierung Portugals auf seine verbleibenden Überseegebiete auch eine bemerkenswerte verfassungsmäßige Bestimmung des Status dieser Gebiete und seiner Bewohner im Verhältnis zum kontinentalen Mutterland dahingehend stattgefunden (1822, 1826 u. ö.), die portugiesische Nation als »Vereinigung aller Portugiesen beider Hemisphären« und die in den Überseegebieten angestammte Bevölkerung grundsätzlich als Portugiesen zu verstehen (s. S. 155 f.).

Spätestens seit Errichtung des Kolonialministeriums zu Beginn der Republik 1911 war man dazu übergegangen, die Überseegebiete – ob als »Provinzen« oder »Kolonien« bezeichnet – als organisch mit dem Mutterland verbunden zu sehen. Die spezifische politische und administrative Behandlung der jeweiligen Gebiete je nach ihrem ›Zivilisationsstand‹ war in den *Leis Orgânicas* von 1914 festgelegt worden und wurde, trotz zunehmender Zentralisierung und anderer Modifizierungen, auch in den *Acto Colonial* (1930) des *Estado Novo* übernommen. Die einschlägige Kolonialgesetzgebung war dabei nur die mehr oder weniger explizite Festschreibung traditioneller Prinzipien des portugiesischen Kolonialismus, allen voran der Annahme einer geschichtlichen Mission Portugals, eingeborene Völker zu kolonisieren und zu ›zivilisieren‹ (aber nicht unbedingt zu christianisieren), wobei dann bei Erreichen eines gewissen Assimilationsgrades einzelnen Personen wie ganzen Gebieten (zumindest theoretisch) das volle Bürgerrecht zugestanden wurde – das übrigens Gebieten wie Cabo Verde, den indischen Besitzungen und Macau von vorneherein zustand. In der Praxis wiederum konnte der Assimiliertenstatus recht willkürlich zugeteilt werden. Eine besondere moralische und natürlich politische Schwachstelle in der immer wieder novellierten portugiesischen Kolonialverfassung war die bis in die sechziger Jahre bestehende Möglichkeit der zwangsweisen Heranziehung Eingeborener zu öffentlichen Arbeiten, was offiziell als Erziehungsmaßnahme lief, von der Gegenseite freilich als verdeckte Sklaverei angeprangert werden konnte.

Portugal hatte sich zunächst eben aufgrund seiner langen historischen Präsenz in Übersee und der als sehr eng empfundenen Verbindung mit den betreffenden Gebieten, auch aufgrund schwächerer rassistischer Orientierungen (und des entsprechenden schlechten Gewissens), als von den antikolonialistischen Beschlüssen der Völkergemeinschaft seit den fünfziger Jahren kaum betroffen verstanden. Den ersten Schlag führte Indien, das 1961 nach längerem

Nervenkrieg schließlich im Handstreich die portugiesischen Besitzungen Goa, Diu und Damão besetzte und annektierte, wobei niemand, auch nicht die NATO, Portugal unterstützte. Portugal antwortete auf die entstehende Unruhe in seinen Überseegebieten mit Verstärkung seiner militärischen Präsenz, erhöhten Investitionen in die wirtschaftliche Entwicklung der Überseegebiete und einer Auswanderungswelle nach Afrika in den sechziger Jahren, wurde freilich mit dem Abbröckeln der übrigen europäischen Kolonialreiche als letzte ›wirkliche kolonialistische Macht‹ zunehmend international isoliert, eine Situation, die den immer einsamer und starrer werdenden Salazar wohl noch in seinen Grundüberzeugungen bestätigte.

1963 nimmt der Widerstand gegen das Mutterland in Guinea, 1964 in Moçambique kriegerische Formen an. Der Krieg in Guinea wird angesichts der geringen wirtschaftlichen Bedeutung des kleinen Landes und der hohen Verluste des portugiesischen Militärs zu einem besonders eindrucksvollen Beispiel der Sinnlosigkeit dieses Kampfes für die Portugiesen. 1973 befinden sich etwa zwei Drittel des Landes unter der Kontrolle der Widerstandsbewegung *Partido Africano da Independência da Guiné e Cabo Verde* (PAIGC), die im September des Jahres die Unabhängigkeit erklärt, welche von der UNO anerkannt wird. Im August 1974 wird Guinea-Bissau als erste ehemalige Kolonie von der neuen Regierung Portugals (MFA) in die Unabhängigkeit entlassen.

Cabo Verde, wo sich der PAIGC ebenfalls als herrschende politische Kraft etablierte, wird in Etappen 1974/1975 von Portugal unabhängig. In der Folge von innenpolitischen Entwicklungen in Guinea-Bissau werden die Bestrebungen einer Vereinigung der beiden Territorien ad acta gelegt, in Cabo Verde benennt sich die herrschende politische Gruppierung 1981 in PAICV (*Partido Africano da Independência de Cabo Verde*) um und regiert in einer Ein-Parteien-Regierung bis 1990. Cabo Verde ist Mitglied der *Organisation internationale de la Francophonie.*

São Tomé e Príncipe wurde 1975 in die Unabhängigkeit entlassen. Der 1972 in Ghana gegründete MLSTP (*Movimento de Libertação de São Tomé e Príncipe*) beherrschte als Einheitspartei den Inselstaat bis 1990. 1995 wurde São Tomé e Príncipe im Rahmen sich intensivierender Beziehungen zu Frankreich als 49. Mitglied in die *Organisation internationale de la Francophonie* aufgenommen.

1975 erlangte auch das für Portugal bedeutende und in den vorhergehenden Jahren seit 1962 bewusst entwickelte Angola (Landwirtschaft, Bodenschätze, Erdölvorkommen) die Unabhängigkeit. 1961 war es dort zu ersten Angriffen gegen Weiße und portugiesische Einrichtungen gekommen, die sich zu einem verlustreichen und kräftezehrenden Guerillakrieg ausweiteten, der von drei unterschiedlich ideologisch und ethnisch bestimmten Befreiungsbewegungen, FNLA, MPLA und UNITA, geführt wurde und in den die USA, Zaire und Südafrika sowie Kuba und die Sowjetunion mehr oder weniger offen eingriffen. Der Kolonialkrieg endete zunächst mit der getrennten Ausrufung der Unabhängigkeit durch die marxistisch orientierte MPLA in Luanda und die beiden anderen Bewegungen in Huambo. Kurz danach begann zwischen ihnen ein Bürgerkrieg, der hunderttausende das Leben kostete und – nach Schätzungen der UNO – 1,8 Millionen Menschen heimatlos machte und der nach dem Ausscheiden der FNLA und dem

Tod des Führers der prowestlichen UNITA 2002, deren Vertreter indessen noch während dieses Krieges im Parlament und sogar in der vom MPLA dominierten Regierung gesessen hatte, in ein marxistisch orientiertes Präsidialregime (derzeitiger Präsident José Eduardo dos Santos) mündete. 300 000 Portugiesen strömten ins Mutterland zurück.

Auch Moçambique wurde 1975 unabhängig und kurz darauf zum Schauplatz eines Bürgerkriegs, der von 1977 bis 1992 dauern sollte. 1964 hatte die Guerilla-Bewegung FRELIMO (*Frente da Libertação de Moçambique*) den Kampf gegen die portugiesische Macht begonnen, die sich bald nur noch in den städtischen Zentren, aber nicht mehr auf dem flachen Land und in den Stammesgebieten behaupten konnte. Portugiesische Entwicklungsprojekte kamen zu spät (z. B. der Sambesi-Staudamm von Cabora Bassa) bzw. konnten nicht fortgeführt werden. Noch während dieses Krieges flüchteten etwa 250 000 Portugiesen aus Moçambique. Nach der Unabhängigkeit setzte ein Bürgerkrieg ein, in dem der marxistischen FRELIMO eine Gegenorganisation, die prowestliche RENAMO (*Resistência Nacional Moçambicana*) gegenübertrat. Während FRELIMO mit dem ersten Präsidenten Samora Machel die Widerstandsbewegungen Südafrikas und Rhodesiens (Zimbabwe) unterstützte und ihnen Rückzugsgebiete bot, wurde RENAMO durch Lieferungen und Sabotageakte der Regierungen dieser Staaten unterstützt. Die Zahl der Toten dieses Krieges wird auf eine Million geschätzt, 1,7 Millionen flüchteten in Nachbarstaaten und einige Millionen flohen innerhalb Moçambiques aus ihren Gebieten. 1986 starb Samora Machel bei einem Flugzeugabsturz. Unter seinem

Nachfolger wurde 1990 eine Verfassung verabschiedet, die ein Mehrparteiensystem und eine marktorientierte Wirtschaftsstruktur vorsieht. Tausende von Geflohenen kehrten zurück. Moçambique wurde Mitglied unter anderem der Afrikanischen Union, des Commonwealth und der Gemeinschaft portugiesischsprachiger Länder (CPLP).

Macau, das immer gute und intensive Kontakte mit China gepflegt hatte und schon vor der Nelkenrevolution praktisch von China abhängig war, wurde 1974 von der portugiesischen Revolutionsregierung China angeboten. China winkte ab mit der Begründung, es wolle erst die Rückgabe Hongkongs abwarten, in Wirklichkeit wohl aber, um sich Macau als Umschlagplatz für Waren, die offiziell nicht ein- oder ausgeführt wurden, zu erhalten. Macau wurde am 20. Dezember 1999 an China übergeben, ist aber, wie Hongkong, eine besondere Verwaltungsregion, in der auch gewisse eigene Gesetze gelten und Portugiesisch noch offiziell eine der Landessprachen ist.

Problematisch gestaltete sich auch die Entwicklung in Portugiesisch-Timor (Ost-Timor), das im Zweiten Weltkrieg von den Japanern besetzt worden war und nach Kriegsende an Portugal zurückfiel. Als es 1974 auf die Unabhängigkeit vorbereitet werden sollte, brach ein Konflikt zwischen der marxistischen FRETILIN (*Frente Revolucionária do Timor-Leste Independente*) und der prowestlichen UDT (*União Democrática Timorense*) aus, in dem sich die FRETILIN durchsetzte, sich der am 28. November 1975 ausgerufenen Unabhängigkeit aber nicht lange erfreuen konnte, da wenige Tage später indonesische Truppen das Land besetzten und es zu einer Provinz Indonesiens wurde. Diesmal freilich entschieden die Vereinten Nationen, das

Land stehe weiterhin unter portugiesischer Verwaltung. Der vierundzwanzig Jahre dauernde Kampf der FRETILIN, von der sich 1988 die *Resistência Nacional* unter dem später sehr populären Xanana Gusmão abspaltete, gegen die indonesische Besatzung kostete etwa 180000 Menschen (von etwa 800000 Einwohnern) das Leben. Die internationale Öffentlichkeit reagierte kaum, zumal Australien, das als erster hätte eingreifen können, zusammen mit Indonesien Erdölfelder vor der Küste Ost-Timors ausbeutete und auch die EU aufgrund vertraglicher Abmachungen mit Indonesien und wirtschaftlicher Interessen Portugal nicht unterstützte. Wirklich sensibilisiert wurde die portugiesische und internationale Öffentlichkeit erst Mitte der achtziger Jahre durch Berichte der katholischen Kirche und der Internationalen Kommission für Menschenrechte. Ein entscheidender Durchbruch war die Verleihung des Friedensnobelpreises 1996 an den timorensischen Bischof Carlos Ximenes Belo und den Unabhängigkeitskämpfer José Ramos-Horta. Ein Referendum fiel 1999 zu Gunsten der Unabhängigkeit aus. Als es weiterhin zu Gewaltakten indonesischer Milizen und der Armee kam, entsandten die UN eine Friedenstruppe unter australischer Führung und unterstellten Ost-Timor der UN-Verwaltung. Es wurde erst am 20. Mai 2002 endgültig unabhängig. Aufgrund weiter dauernder Unruhen und einer weiter instabilen Lage wurden erneut Truppen im Auftrag der UN zur Stabilisierung ins Land geschickt. Immerhin gelang es 2007 nach Wahlen, gegen die immer noch mächtige FRETILIN einen parteilosen Staatspräsidenten – José Ramos-Horta – und einen Premierminister – Xanana Gusmão, der den militärischen Kampf gegen die indonesischen Truppen geführt hatte –

einzusetzen. Ein seit 2006 schwelender Aufstand ehemaliger Soldaten der osttimoresischen Armee scheiterte 2008 endgültig. 2012 fanden wieder Präsidentschafts- und Parlamentswahlen statt.

Gemeinsame Aspekte der Entkolonialisierung im Wirkungsbereich Portugals sind ihr später Beginn, die zum Teil politisch-wirtschaftlich der Volksstimmung folgende, zum Teil ideologisch bedingte Eile, mit der sie vollzogen wurde – Pläne wie die des vorübergehenden Vorsitzenden der »Junta der nationalen Rettung«, des Generals António Spínola, vormals Gouverneur von Portugiesisch-Guinea und Vize-Kommandant des Generalstabs, die auf eine beschleunigte politische und wirtschaftliche Entwicklung und dann schrittweise Entlassung der Überseegebiete und Etablierung einer Art Commonwealth hinausliefen, hatten angesichts der herrschenden Stimmung keine Chance zur Verwirklichung. Eine langsamere und organischer verlaufende Entkolonialisierung hätte aber zumindest der Unterstützung durch die Westmächte bedurft, an die angesichts der Konstellation des Kalten Kriegs nicht zu denken war. Folge jahrelanger wirtschaftlicher Unterentwicklung, des Untergrundkrieges und auch mental ungenügender Vorbereitung war die fast in allen neu entstandenen Staaten herrschende Armut; die neuen Regierungen folgten fast überall zunächst einer mehr oder weniger ausgeprägten marxistischen Orientierung, wie eben auch die Regierung des MFA in Portugal, blutige und langdauernde Bürgerkriege aus ideologischen und ethnischen Gründen brachen aus; wo zukunftsträchtige natürliche Ressourcen, Bodenschätze u. ä. vorhanden waren, wurde jahrelang um diese gekämpft,

West und Ost sowie die Nachbarn mischten sich ein, Portugal verlor auch nach einer einsetzenden Beruhigung überall an Einfluss, an seine Stelle traten die USA, Frankreich, Commonwealth-Staaten, sogar Italien (Moçambique).

Immerhin gelang es, mit der CPLP (*Comunidade dos Países de Língua Portuguesa*, »Gemeinschaft der portugiesischsprachigen Länder«) einen lockeren Zusammenschluss der ehemaligen in ihren Interessen naturgemäß auseinanderdriftenden portugiesischen Kolonien zu organisieren; ihr gehört neben diesen und Portugal auch Brasilien an. »Assoziierte Beobachter« sind Äquatorialguinea, Mauritius und Senegal. Macau und Goa sind, unter Rücksichtnahme auf China bzw. Indien, an diesem Status interessiert.

Die CPLP steht für ein Bevölkerungspotential von etwa 240 Millionen. Die Zusammenarbeit betrifft im wesentlichen den sozialen und kulturellen Bereich (Gesundheit, Erziehung und Bildung) sowie gegebenenfalls allgemeine gegenseitige Hilfeleistungen. Eine regelmäßige sportliche Veranstaltung der portugiesischsprachigen Länder sind die seit 2006 stattfindenden *Jogos da Lusofonia* (»Spiele der portugiesischsprachigen Länder«). Neben der CPLP existiert die Gemeinschaft PALOP (*Países Africanos de Língua Oficial Portuguesa*, afrikanische Länder mit der offiziellen Sprache Portugiesisch), die ähnliche Ziele verfolgt, aber nicht Portugal, Brasilien und Timor zu ihren Mitgliedern zählt.

Die konsolidierte Republik

Die Verfassung von 1976, die noch deutliche Spuren der linken und marxistischen Orientierung der vorhergehenden nachrevolutionären Phase trägt und in der sich der militärische Revolutionsrat (MFA) seine bestimmende Position hatte festschreiben lassen, bildet nichtsdestoweniger die Basis für die weitere parlamentarisch-demokratische Entwicklung Portugals, nicht zuletzt mit ihren Revisionen von 1982 (Auflösung des MFA) und 1989.

Fortan agiert auf der politischen Bühne ein relativ überschaubares Spektrum politischer Parteien, deren wichtigste, beginnend mit den beiden Parteien, die praktisch seit der Revolution die politische Bühne Portugals beherrschen, nämlich der Sozialistischen Partei (PS) und der Sozial-Demokratischen Partei (PSD), hier kurz vorgestellt seien:

Partido Socialista (PS): Die »Sozialistische Partei« war noch vor der Nelkenrevolution im Zusammenschluss mehrerer sozialistischer Gruppierungen unter maßgeblicher Mithilfe der deutschen SPD im April 1973 in Bad Münstereifel gegründet worden. Sie war und ist, als Regierungpartei oder in der Opposition, eine nicht zu umgehende politische Größe. Unter ihrer langjährigen Führerfigur, dem Intellektuellen Mário Soares, hat sie, in langsamem Abrücken von den ohnehin maßvoll verfolgten radikaleren linken Zielen, um Wähler der politischen Mitte zu gewinnen, das neue Portugal entscheidend mitgeprägt. Unumgänglich war ein gewisses Lavieren und ein gelegentlicher Spagat zwischen Rechts und Links. Exemplarisch dafür mag die Übernahme des Parteivorsitzes, nach Wahlniederlagen gegen den ›bürgerlichen‹ PSD, durch den praktizierenden Katholiken António Guterres sein. Zeitweilig verlor die Sozialistische Partei Wähler an den ›linkeren‹ PRD (Ramalho Eanes), nahm aber auch ›Überläufer‹ aus der Kommunistischen Partei auf. Bei den Parlamentswahlen 2011 errang die Partei unter dem Generalsekretär António José Seguro 28,06 Prozent der Stimmen und ist mit 74 Sitzen im Parlament vertreten. Im Europäischen Parlament gehört sie der »Progressiven Allianz der Sozialisten und Demokraten im Europäischen Parlament« an.

Partido Social Democrata (PSD): Die Sozial-Demokratische Partei ist der bürgerlich-liberale Widerpart der Sozialisten, mit denen sich abwechselnd sie seit 1976 die Regierungen stellt bzw. die Regierungskoalitionen führt. Die Partei geht zurück auf liberale reformerische Intellektuelle, die sich noch unter Caetano zusammengefunden hatten und 1974 den *Partido Popular Democrático* (PPD, »Demokratische Volkspartei«) gründeten. Eine der bestimmenden Persönlichkeiten war Francisco de Sá Carneiro, dessen Charisma die Partei zu Erfolgen führte (1974–1980) und der 1980 unter bislang nicht ganz geklärten Umständen bei einem Flugzeugabsturz umkam. Die Partei folgt keiner klar umrissenen Ideologie, sie steht in der rechten Mitte und ist liberal bis neoliberal mit sozialem Einschlag und im wesentlichen pragmatisch orientiert (als eine Referenzpersönlichkeit erschien unter anderem der deutsche Bundeskanzler Helmut Schmidt). Neben Erfolgsphasen wie unter Sá Carneiro und Cavaco Silva (1986–1995) erlebte die Partei auch spektakuläre Abstürze, z. B. unter Santana Lopes. Die deutliche Bezogenheit der Partei auf effiziente Führungspersönlichkeiten, auch auf lokaler Ebene und in den Bezirken, bringt sie immer wieder in den Ruf, eine Partei des »Filzes« zu sein. Seit 2010 befindet sich die Partei unter ihrem Vorsitzenden Pedro Passos Coelho wieder im Aufstieg. Sie gewann die Parlamentswahlen 2011 mit 38,6 Prozent der Stimmen (108 Sitze) und stellt seitdem in Koalition mit dem CDS-PP unter Passos Coelho die Regierung. Im Europaparlament gehört die Partei der Fraktion der »Europäischen Volkspartei« an.

Partido Comunista Português (PCP): Die Portugiesische Kommunistische Partei, gegründet 1921 und älteste derzeit existierende Partei Portugals, erzielte Anfangserfolge durch feste Organisation und durch das Prestige ihres Führers Álvaro Cunhal, der wegen seines kompromisslosen Widerstandes gegen das alte Regime auch über seine Partei hinaus repektiert wurde. Im Fortgang erfuhr die Partei zunehmende Isolierung infolge ihres Festhaltens an stalinistischen Perspektiven, Kritik an der Perestroika etc. (Stimmenabfall 1991 auf etwa 10 Prozent). Stark ist ihre Position in den immer noch ländlichen Zonen des Südens, im Alentejo und im Industriegürtel um Lissabon. Bei den Parlamentswahlen 2011 trat die Kommunistische Partei in einem Wahlbündnis (CDU) mit dem PEV auf. Das Bündnis erzielte 7,91 Prozent der Stimmen und ist mit 16 Sitzen im Parlament vertreten (PCP 14, PEV 2). Im Europäischen Parlament gehört die Partei der Fraktion der »Vereinigten Europäischen Linken / Nordische Grüne Linke« an.

Centro Democrático Social – Partido Popular (CDS-PP): Das »Demokratisch-Soziale Zentrum – Volkspartei« wurde 1974 als eine christlich-demokratische Partei gegründet. Sie galt als Auffangbecken der Anhänger des alten Regimes und verteidigt traditionelle Werte (Familie), aber auch die soziale Marktwirtschaft. Sie wendet sich vor allem an die Mittelklasse, besonders im ländlichen Raum des portugiesischen Nordens. Die Partei zeigte zeitweilig eine deutliche Rechtsorientierung und wurde auch vorübergehend aus dem Block der christdemokratischen Parteien Europas ausgeschlossen, gehört aber inzwischen im Europaparlament wieder der Fraktion der Europäischen Volkspartei an. Bei den Parlamentswahlen 2011 errang die Partei 11,7 Prozent der Stimmen und ist mit 24 Sitzen im Parlament vertreten.

Bloco de Esquerda (BE): Der »Block der Linken« bildete sich aus der Vereinigung radikaler linker Splittergruppen und deklariert sich immer noch als Partei der äußersten Linken, erweist sich aber in der politischen Praxis als äußerst flexibel und vertritt heute auch weitgehend reformistische Ziele (Steuergerechtigkeit, gegen Korruption etc.). Stark im intellektuellen Milieu verankert ist er vor allem eine Protestpartei, der möglicherweise die Propagierung ihrer Grundsätze mehr bedeutet als die Erringung realer Machtpositionen. Bei den Parlamentswahlen 2011 errang die Partei 5,17 Prozent der Stimmen und ist mit acht Sitzen im Parlament vertreten. Im Europäischen Parlament gehören die Abgeordneten des *Bloco da Esquerda* der Fraktion der »Vereinigten Europäischen Linken / Nordische Grüne Linke« an.

Partido Ecologista »Os Verdes« (PEV): Die »Ökologische Partei Die Grünen« wurde in der Perspektive der ökologischen Bewegung 1982 gegründet und wirkte, neben der Teilnahme an der internationalen ökologischen Kampagne, vor allem auf regionaler Ebene. Koalitionen erfolgen im Rahmen der Linken. An den Parlamentswahlen 2011 nahm die Partei in der *Coligação Democrática Unitária* (CDU) in Verbindung mit der Kommunistischen Partei teil. Bei den Parlamentswahlen 2011 errang die CDU 7,91 Prozent der Stimmen und ist mit insgesamt 16 Sitzen (davon PEV 2) im Parlament vertreten. Im europäischen Parlament gehört die Partei der Fraktion der »Vereinigten Europäischen Linken / Nordische Grüne Linke« an. Neben den hier genannten Parteien existieren zahlreiche nicht im Parlament vertretene kleinere Parteien.

Im Juli 1976 bildete Mário Soares (PS), der sich großer Popularität erfreute, unter der Präsidentschaft von Ramalho Eanes die erste konstitutionelle Regierung, eine Minderheitsregierung, die zunächst radikalen Bestrebungen von rechts und links zu wehren hatte, die Lösung der Wirtschaftsprobleme mit Hilfe des Internationalen Währungsfonds in Angriff nahm und sich von Anfang an entschlossen nach Europa orientierte, eine Orientierung, die einschließlich des Eintritts in eine politisch organisierte europäische Gemeinschaft von allen Parteien mit Ausnahme des PCP unterstützt wurde.

Nach einer kurzlebigen zweiten Regierung Soares', nun einer Mehrheitsregierung in Koalition mit dem konservativen CDS, die freilich an Unvereinbarkeit der politischen Ziele scheiterte (1978), folgten drei vom Präsidenten aus Unabhängigen und Fachleuten zusammengestellte Regierungen.

Die nach der Parlamentsauflösung 1979 erfolgten Neuwahlen leiteten mit der *Aliança Democrática*, einer Mehrheitskoalition von PSD und CDS, also ohne den PS und mit antimarxistischer Orientierung, eine zweite Phase der nachrevolutionären Entwicklung (1980–1983) ein. Gleich zu Beginn verliert freilich der PSD seinen charismatischen Führer Sá Carneiro durch einen Flugzeugabsturz, und in den darauffolgenden Präsidentschaftswahlen unterliegt der Kandidat der *Aliança Democrática* dem noch amtierenden Präsidenten Ramalho Eanes, der nun bis 1987 im Amt bleiben wird. Unter der *Aliança Democrática* erfolgt eine Verfassungsreform, die eine Reihe marxistischer Elemente aus der Verfassung tilgt und auch den militärischen Revolutionsrat, der sich bis dahin geweigert hatte, die politische Bühne zu verlassen, auflöst. Der Rücktritt des Ministerpräsidenten Pinto Balsemão (PSD) aufgrund überhandnehmender wirtschaftlicher Schwierigkeiten beendet die *Aliança Democrática* (1982).

Neuwahlen im April 1983 bringen mit einem Sieg des PS wieder eine Regierung Mário Soares, der mit dem PSD koaliert. Die Bezeichnung der Koalition als *Bloco Central* zeigt, dass sich auch der PS von links entfernt hat. Die Koalition leitet bis 1985 ein energisches Sparprogramm in die Wege.

Die Parlamentswahlen von 1985 bringen dem PSD unter dem neuen Parteichef Cavaco Silva eine relative Mehrheit und eine Minderheitsregierung bis 1987. In den vorgezogenen Parlamentswahlen von 1986 erringt der PSD als erste Partei nach dem 25. April 1974 die absolute Mehrheit, was sich in den Wahlen von 1991 wiederholen wird, womit die PSD-Regierung von 1991 bis 1995 die erste konstitutionelle Regierung seit 1975 sein wird, die eine ganze Legislaturperiode überstanden hat. Die insgesamt zehn Jahre PSD-Regierung von 1985/86 bis 1995 stellen als *Cavaquismo* eine neue markante Phase der nachrevolutionären Entwicklung Portugals dar.

Als gewisse Kompensation des Misserfolgs des PS konnte indes die Wahl Mário Soares' zum Staatspräsidenten und Nachfolger von Ramalho Eanes verstanden werden. Soares siegte mit Unterstützung aller Parteien links von dem PSD mit knapper Mehrheit über seinen konservativen Gegenkandidaten Freitas Amaral und bekleidete nun als erster Zivilist seit 1926 das höchste Staatsamt.

Unter Cavaco Silva vollzog sich, vor allem in Hinblick auf die neue Positionierung Portugals in Europa mit seinem Eintritt in die EG am 1. Januar 1986, eine entscheidende Umstrukturierung der portugiesischen Wirtschaft in insgesamt neoliberaler Perspektive. Die letzten marxistischen Elemente verschwanden mit der Revision von 1989 aus der Verfassung.

EG-Hilfen und niedrige Arbeitslöhne beförderten einen Wirtschaftsaufschwung, der sich am sichtbarsten in einem Bauboom und der Verbesserung der Infrastruktur, etwa dem Straßenbau (z. B. Fertigstellung der Autobahn Lissabon–Porto), äußerte. Freilich musste auch, bedingt durch die Einfügung in die Wirtschaftsgemeinschaft und für die EG-Hilfen als Gegenleistung gefordert, der Abbau oder die Beschränkung von Wirtschaftszweigen (Fischerei, Landwirtschaft) und Industrien erfolgen, die Portugal eine gewisse Unabhängigkeit von ausländischem Kapital hätten garantieren können. Internationale Anerkennung des wirtschaftlichen Aufstiegs spiegelte sich in prestigeträchtigen Events wie der Erklärung Lissabons zur Kulturhauptstadt Europas für das Jahr 1994 und der Vermittlerrolle Portugals im angolanischen Bürgerkrieg.

Nach 1991, also in der dritten Etappe des *Cavaquismo*, sank die Zustimmung. Wirtschaftliche Probleme, Korruptionsskandale und kritischer Journalismus nahmen zu. 1995 verzichtete Cavaco Silva auf eine erneute Kandidatur.

Insgesamt bezeichnet der *Cavaquismo* eine Phase des Aufschwungs unter neoliberalen Vorzeichen. Dabei aber sollte nicht vergessen werden, dass besonders in der Anfangsphase Cavaco Silva in weiten Bereichen die Früchte ernten konnte, die der PS gesät hatte. Daneben war seine Regierungszeit eine Periode der Stabilität nach einer Phase schnell wechselnder Regierungen 1976–1986. An dieser Stabilität mag nicht zuletzt zumindest bis 1991 die »integrierende Amtsführung« (von Rahden) des Staatspräsidenten Mário Soares beigetragen haben, der freilich nach seiner Wiederwahl (und der des Ministerpräsidenten) 1991 Gegenpositionen zu markieren beginnt.

Aus den Parlamentswahlen von 1995 ging als klarer Sieger der PS hervor, der mit seinem Vorsitzenden, dem praktizierenden Katholiken António Guterres, auch den neuen Regierungschef stellte (1995–2002). Im folgenden Jahr gewann, nachdem Mário Soares nach seiner zweiten Amtszeit nicht mehr kandidierte, auch der sozialistische Kandidat Jorge Sampaio die Präsidentschaftswahlen (1996). Die neue Regierung konzentrierte sich auf die Beseitigung sozialer Mängel, die der *Cavaquismo* mit sich gebracht hatte. Außenpolitisch bedeutsam war 1996 die Gründung der »Gemeinschaft der Länder portugiesischer Sprache« (CPLP, *Comunidade dos Países de Língua Portuguesa*), der neben Portugal Brasilien, Angola, Moçambique, Guinea-Bissau, Cabo Verde und São Tomé e Príncipe angehören und die sich die Vertiefung der kulturellen und wirtschaftlichen Beziehungen zum Ziel gesetzt hatte. Prestige, aber auch vorübergehende wirtschaftliche Belebung brachte die Weltausstellung Expo 1998 in Lissabon. Ein Projekt der Föderalisierung Portugals scheiterte durch Plebiszit. Guterres trat nach der Niederlage seiner Partei in den Bezirkswahlen (*autarquias*) 2002 zurück.

Die Regierungskoalition aus PSD und CSD-PP (José Manuel Durão Barroso / Paulo Portas, 2002–2004) vollzog 2002 den Beitritt Portugals zur Euro-Zone, eine Maßnahme, die sich in der Zukunft als zweischneidig erweisen sollte, nahm sie doch dem Land die Möglichkeit, im gegebenen Fall seine Währung abzuwerten und so seine Produkte international konkurrenzfähig zu halten. In der Tat begann die portugiesische Wirtschaft bald zu stagnieren, vor allem Wirtschaftszweige mit wenig qualifizierten Arbeitskräften wurden hart von der Krise erfasst. Notwendige Strukturreformen hatten nicht stattgefunden, die Arbeitslosigkeit stieg; die Unterstützung der US-amerikanischen Irak-Politik und der Kauf von Rüstungsgütern (unter anderem auch U-Boote in Deutschland) erwiesen sich als äußerst unpopulär. Barroso trat 2004 zurück, um die Präsidentschaft der europäischen Kommission zu übernehmen. Die nachfolgende Regierung Santana Lopes / Paulo Portas in gleicher Koalition (2004–2005) war chaotisch und von Skandalen geprägt. Nachdem der Staatspräsident Sampaio sie öffentlich als »unfähig« bezeichnet und die Parlamentsauflösung und Neuwahlen angekündigt hatte, trat Santana Lopes als Regierungschef zurück.

Mit der nun beginnenden »Ära Sócrates« (PS, erste Regierung 2005–2009, zweite Regierung 2009–2011) erreicht die nachrevolutionäre Phase der portugiesischen Geschichte die Gegenwart. Ein von einer absoluten Mehrheit getragenes ehrgeiziges Reformprogramm, besonders im sozialen und Bildungsbereich, aber auch in der staatlichen Verwaltung und in der Förderung der Technologie, führte aber gleichzeitig zu einer bisher kaum gekannten teuren und schwer zu kontrollierenden Aufblähung des Staatsapparates mit Korruption, namentlich auf munizipaler und regionaler Ebene, und wurde durch die Weltfinanzkrise 2008 zu Fall gebracht. In den Septemberwahlen 2009 verlor José Sócrates die absolute Mehrheit (36,55 Prozent der Stimmen) und regierte nun, abhängig vom Wohlwollen des PSD und unter den ständigen Angriffen der radikalen Parteien von rechts und links (CDS-PP, PC und BE) mit einer Minderheitsregierung. Die Reformen wurden eingefroren oder aufgegeben, denn Portugal befand sich voll in der internationalen Finanzkrise involviert. 2010 beträgt das Haushaltsdefizit 9,1 Prozent, die Staatsverschuldung 92,4 Prozent des Bruttosozialprodukts. Wenige Tage nach der Amtsübernahme des neuen Präsidenten Cavaco Silva (PSD), der schon bei diesem Anlass das Austeritätsprogramm der Regierung scharf kritisiert hatte, lehnt der PSD, unterstützt von PCP und BE, Sócrates' Sparprogramm im Parlament ab, obwohl klar ist, dass im Falle eines politischen Wechsels sie selbst die Durchführung ebendieses Programms wird tragen müssen. Sócrates trat im März 2011 als Regierungschef zurück, blieb aber geschäftsführend im Amt. Am 6. April 2011 bat er den Internationalen Währungsfonds und die Europäische Union um Hilfe zur Lösung der finanziellen Probleme seines Landes. Der PSD erklärt sich bereit, im Fall einer Regierungsübernahme alle

Sparmaßnahmen, die der Internationale Währungsfonds und die Europäische Union fordern würden, zu akzeptieren. Im Mai 2011 wird Portugal ein Kreditpaket von 78 Milliarden Euro bewilligt. Die geforderten Sparmaßnahmen treffen das Land sozial hart. Bei der vorgezogenen Parlamentswahl am 5. Juni 2011 erhielt der PSD mit seinem Spitzenkandidaten Pedro Manuel Passos Coelho etwas über 38 Prozent der Stimmen, der PS 28 Prozent. Die neue Regierung unter Pedro Manuel Passos Coelho stützt sich auf eine Koalition aus PSD und CSD-PP. Ihr wird hauptsächlich die Aufgabe obliegen, Portugal durch die Wirtschaftskrise zu führen, die soziale Not besonders der finanziell schwächeren Schichten nicht ausufern zu lassen und Portugal durch die Erfüllung seiner internationalen finanziellen Verpflichtungen weiterhin das Vertrauen seiner Partner zu erhalten.

Abschließend sei gesagt, dass Portugal nach Jahrzehnten der Diktatur in einer fast völlig unblutig verlaufenden Revolution und nach relativ kurzen Wirren ein nach europäischem Standard moderner demokratischer Staat geworden ist. Das Überseeproblem war durch die Entlassung der betroffenen Gebiete in die Unabhängigkeit weitgehend erledigt, der Lebensstandard stieg. Die zum Teil neu entstandenen Probleme, hohe Arbeitslosigkeit, Inflation, die wirtschaftlich wie sozial schwierige Integration von 500 000 bis einer Million aus den unabhängig gewordenen Territorien ins Mutterland strömenden Portugiesen verschiedener Hautfarbe, der weitgehende Zusammenbruch von Disziplin und hie und da eine an frühere Zustände erinnernde aufflackernde politische Chaotik und gewisse Identitätsprobleme mit dem nun plötzlich unleugbar klein gewordenen Vaterland wurden durch die schließliche Aufnahme Portugals in die Europäische Gemeinschaft, durch die Belebung des Gedankens einer Gemeinschaft der portugiesischsprechenden Völker und eine Neudefinierung der Position Portugals in ihr und letztlich wohl auch durch eine hilfreiche mentale Disposition weitester Volksschichten – Geduld, Abneigung gegen physische Gewalt und, zumindest in der Praxis, gegen Radikalisierung und die Verabsolutierung von Standpunkten – wenn nicht gelöst, so doch auf ein allgemein erträgliches Niveau neutralisiert. Es ist zu erwarten, dass das Land auch die aus seiner Verschuldung und der gegenwärtigen europäischen und Weltfinanzkrise resultierenden Schwierigkeiten mit den sich aus ihnen ergebenden erheblichen sozialen Härten für weite Schichten des Volkes schließlich überwinden wird.

Zum portugiesischen Staatsgebiet gehören auch die im Atlantik gelegenen Inseln Azoren und Madeira. Bis 1976 war das kontinentale Portugal in 11 Provinzen (Regionen) eingeteilt, die auch heute noch als traditionelle historische und regionale Größen im Bewusstsein bestehen. Es sind dies: Minho; Trás-os-Montes und Alto Douro; Douro Litoral; Beira Litoral; Beira Alta; Beira Baixa; Estremadura; Ribatejo; Alto Alentejo; Baixo Alentejo; Algarve.
Seit 1976 ist Portugal verwaltungsgemäß in 18 Bezirke (distritos) aufgeteilt.

Karten

1 Portugal

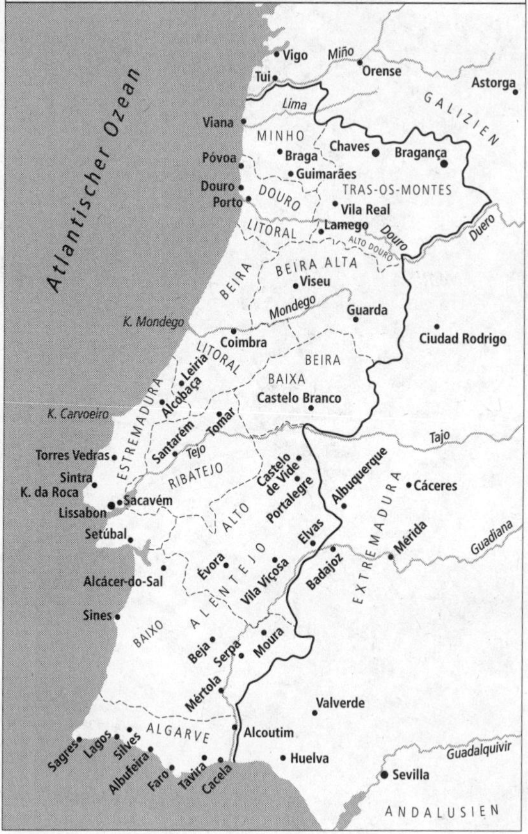

2 Das portugisische Reich in der Entdeckerzeit

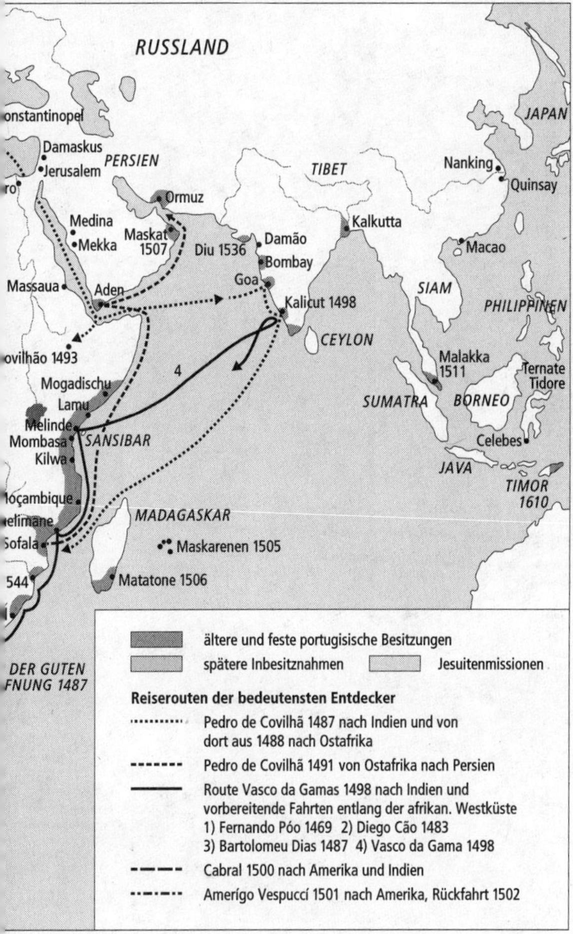
RUSSLAND
onstantinopel
Damaskus
Jerusalem
ro
PERSIEN
TIBET
Nanking
Quinsay
JAPAN
Ormuz
Medina
Mekka
Maskat 1507
Diu 1536
Damão
Bombay
Kalkutta
Macao
Massaua
Aden
Goa
Kalicut 1498
SIAM
PHILIPPINEN
ovilhão 1493
CEYLON
Malakka 1511
Ternate
Tidore
4
Mogadischu
Lamu
SUMATRA
BORNEO
Melinde
Mombasa
SANSIBAR
Kilwa
Celebes
JAVA
TIMOR 1610
loçambique
elimane
MADAGASKAR
Sofala
Maskarenen 1505
544
Matatone 1506
DER GUTEN
FNUNG 1487
ältere und feste portugisische Besitzungen
spätere Inbesitznahmen
Jesuitenmissionen
Reiserouten der bedeutensten Entdecker
Pedro de Covilhã 1487 nach Indien und von dort aus 1488 nach Ostafrika
Pedro de Covilhã 1491 von Ostafrika nach Persien
Route Vasco da Gamas 1498 nach Indien und vorbereitende Fahrten entlang der afrikan. Westküste
1) Fernando Póo 1469 2) Diego Cão 1483
3) Bartolomeu Dias 1487 4) Vasco da Gama 1498
Cabral 1500 nach Amerika und Indien
Amerígo Vespuccí 1501 nach Amerika, Rückfahrt 1502

3 Die Routen Vasco da Gamas und Pedro Álvares Cabrals

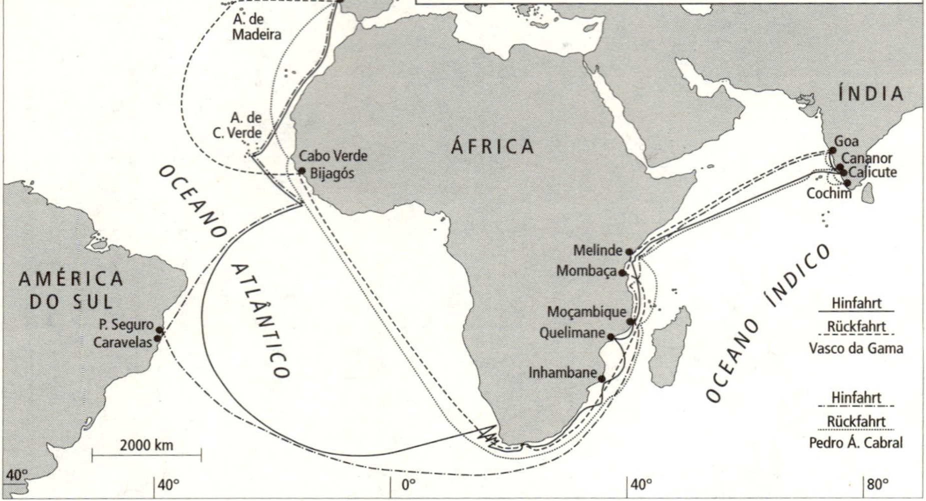

Literaturhinweise

Gesamtdarstellungen

Allgemeine Nachschlagewerke

Dicionário Ilustrado da História de Portugal. 2 Bände. Lissabon 1985.

Ruhl, Klaus-Jörg: Spanien-Ploetz. Spanische und portugiesische Geschichte zum Nachschlagen. Freiburg i. Br. / Würzburg 1986.

Wheeler, Douglas L.: Historical Dictionary of Portugal. Plymouth 1993.

Serrão, Joël: Dicionário de História de Portugal. 6 Bände. Lissabon 2006.

Reihenwerke

Serrão, Joël / Marques, A. H. de Oliveira: Nova História de Portugal. Lissabon: Editorial Presença.

Bisher sind folgende Bände erschienen: Bd. I: Alarção, Jorge (Hg.): Portugal das Origens à Romanização. 1990. Bd. II: Marques, A. H. de Oliveira (Hg.): Portugal das Invasões Germânicas à Reconquista. 1993. Bd. III: Coelho, Maria Helena da Cruz / Homem, Armando Luís de Carvalho (Hg.): Portugal em Definição da Fronteiras. Do condado Portucalense à Crise do século XIV. 1996. Bd. IV: Marques, A. H. de Oliveira (Hg.): Portugal na Crise dos Séculos XIV e XV. 1987. Bd. V: Dias, João José Alves (Hg.): Portugal do Renascimento à Crise Dinástica. 1998. Bd. VII: Freitas de Menezes, Avelino de (Hg.): Portugal da Paz da Restauração ao Ouro do Brasil. 2001. Band IX: Marques, A. H. de Oliveira (Hg.): Portugal e a Instauração do Liberalismo. 2002. Bd. X: Sousa, Fernando de / Marques, A. H. de Oliveira (Hg.): Portugal e a Regeneração. 2004. Bd. XI: Marques, A. H. de Oliveira (Hg.): Portugal da Monarquia para a República. 1991. Bd. XII: Rosas, Fernando (Hg.): Portugal e o Estado Novo, 1930–1960. 1992.

Serrão, Joël / Marques, A.H. de Oliveira: Nova História da Expansão Portuguesa. Lissabon: Editorial Estampa.
Bisher sind folgende Bände erschienen: Bd. II: Marques, A.H. de Oliveira (Hg.): A Expansão Quatrocentista. 1998. Bd. III: Matos, Artur Teodoro de / Marques, A.H. de Oliveira; Serrão, Joël (Hg.): A Colonização Atlântica. 2 Bände. 2005. Bd. V: Lopes, Maria de Jesus dos Mártires (Hg.): O Império Oriental 1660–1820. 2 Bände. 2006. Bd. VI: Johnson, Harold / Nizza da Silva, Maria Beatriz (Hg.): O Império Luso-Brasileiro, 1500–1620. 1992. Bd. VII: Mauro, Fréderic (Hg.): O Império Luso-Brasileiro, 1620–1750. 1991. Bd. VIII: Nizza da Silva, Maria Beatriz (Hg.): O Império Luso-Brasileiro, 1750–1822. 1986. Bd. X: Alexandre, Valentim / Dias, Jill (Hg.): O Império Africano, 1825–1890. 1998. Bd. XI: Serrão, Joël (Hg.): O Império Africano, 1890–1930. 2001.

Flasche, Hans (Hg.): Aufsätze zur portugiesischen Kulturgeschichte (Portugiesische Forschungen der Görresgesellschaft). 20 Bände. Münster 1960–1993.
Marques, A. H. de Oliveira: Historia of Portugal. Bd. I: From Lusitania to Empire. Bd. II: From Empire to Corporate State. New York / London. 1972. ²1976.
Marques, A. H. de Oliveira: History of Portugal. Manual para uso de estudantes e outros curiosos do passado pátrio. 3 Bände. Lissabon ¹³1997–1998.
Mattoso, José (Hg.): História de Portugal. 8 Bände. Lissabon 1992–1994.
Saraiva, José Hermano (Hg.): História de Portugal. 6 Bände. Lisboa 1983–1985.
Schäfer, Heinrich: Geschichte von Portugal. 5 Bände. Hamburg/Gotha 1836–1854.

Übergreifende, allgemeine Darstellungen

Armando, Walter G.: Geschichte Portugals. Stuttgart u. a. 1966.
Bernecker, Walther L. / Pietschmann, Horst: Geschichte Portugals.

Vom Spätmittelalter bis zur Gegenwart. 2. aktual. Aufl. München 2008.
Briesemeister, Dietrich / Schönberger, Axel (Hg.): Portugal heute: Politik – Wirtschaft – Kultur. Frankfurt/M. 1997.
Disney, A.R.: A History of Portugal and the Portuguese Empire: From Beginnings to 1807. 2 Bände. Cambridge 2009.
Jacob, Ernst Gerhard: Grundzüge der Geschichte Portugals uns seiner Übersee-Provinzen. Darmstadt 1969.
Livermore, Harold V.: A New History of Portugal. Cambridge 1969.
Marques, A.H. de Oliveira: Geschichte Portugals und des portugiesischen Weltreichs. Stuttgart 2001.
Marques, A.H. de Oliveira: Breve História de Portugal. Lissabon 1995.
Martins, Joaquim Pedro de Oliveira: Histoire du Portugal. La Différence. Traduit du portugais par Claire Cayron. Paris 1994.
Saraiva, António José: História da Cultura em Portugal. Bd. 1 Lissabon 1950. Bd. 2 ebd. 1955. Bd. 3 ebd. 1962.
Saraiva, António José: A cultura em Portugal. 2 Bände. Lissabon 1985.
Saraiva, José Hermano: História de Portugal. Mem Martins 1993.
Sérgio, António: Abriß der portugiesischen Geschichte. Hamburg 1925.
Sérgio, António: Breve Interpretação da História de Portugal. Lissabon 1972.
Serrão, Joël: Do Sebastianismo ao Socialismo em Portugal. Lissabon 1973.
Siepmann, Helmut: Portugiesische Literatur des 19. und 20. Jahrhunderts. [2]Darmstadt 1995.

Die iberische Halbinsel von der Altsteinzeit bis zum 8. Jahrhundert unserer Zeitrechnung

Alarcão, Jorge: O Domínio Romano em Portugal. Lissabon 1988.
Ferreira da Silva, Armando Coelho: A Cultura Castreja no Noroeste de Portugal. Câmara Municipal de Paços de Ferreira, Museu Arqueológico da Citânia de Sanfins 1986.

Leisner, Georg und Vera: Die Megalithgräber der Iberischen Halbinsel. 2 Teile in 4 Bänden. Berlin 1943–1959.

Savory, H. N.: Spain and Portugal: The Prehistory of the Iberian Peninsula. New York 1968.

Portugal als Teil des islamischen und christlichen Spanien. Die Reconquista

Coelho, António Borges: Portugal na Espanha Árabe. 3 Bände. Lissabon 1972–1975.

Kennedy, Hugh: Muslim Spain and Portugal: A Political History of Al-Andalus. Harlow 1996.

Lévi-Provençal, Évariste: España musulmana hasta la caída del califato de Córdoba. Traduit du français par E. García Gómez. Madrid [2]1957.

Macías, Santiago: Resenha de factos políticos. In: Mattoso, José (Hg.): História de Portugal. Bd. 1. Lissabon 1992. S. 417–429.

Martín, José L. Martín: Die Christlichen Königreiche des Mittelalters (711–1474). In: Schmidt, Peer (Hg.): Kleine Geschichte Spaniens. Stuttgart 2002. S. 43–76.

Picard, Christophe: Le Portugal musulman – (VIIIe – XIIIe siècle). L'Occident d'al-Andalus sous domination islamique. Paris 2000.

Saraiva, Hermano (dir.): História de Portugal. 2 Bde. Lissabon 1983.

Torres, Cláudio: O Garb-Al-Andaluz. In: Mattoso, José (Hg.): História de Portugal. Bd. I. Lissabon 1992. S. 361–416; 430–437.

Vernet, Juan: Los musulmanes españoles. Barcelona 1961.

Vones, Ludwig: Geschichte der iberischen Halbinsel im Mittelalter, 711–1480. Reiche – Kronen– Regionen. Sigmaringen 1993.

Watt, W. Montgomery: Historia de la España islámica. Con la colaboración de P. Cachia. Madrid [2]1974.

Portugal im Mittelalter: Die Entstehung des portugiesischen Staates und die Dynastie Burgund

Ferro, Maria José Pimenta: Os Judeus em Portugal no Século XIV. Lissabon 1979.

Godinho, Vitorino Magalhães: Estrutura da Antiga Sociedade Portuguesa. Lissabon [4]1980.

Marques, A. H. de Oliveira: A Sociedade medieval portuguesa. Lissabon 1974.

Marques, A. H. de Oliveira: Ensaios da História Medieval portuguesa. Lissabon 1980.

Mattoso, José: Identificação de um País. Ensaio sobre as Origens de Portugal, 1096–1325. 2 Bände. Bd. I: Oposição. Bd. II: Composição. Lissabon 1985.

Mattoso, José: Ricos-Homens, Infanções e Cavaleiros. A Nobreza Medieval Portuguesa nos Séculos XI e XII. Lissabon 1982.

Moura, Vasco Graça: Portugal. Formação de um País. Apresentação V. G. M. Comisariado de Portugal para a Exposição Universal de Sevilha 1992.

Saraiva, António José: O Crepúsculo da Idade Média em Portugal. Lissabon 1988.

Die Dynastie Avis und das portugiesische Zeitalter der Entdeckungen

Albuquerque, Luís de: Ciência e experiência nos descobrimentos portugueses. Lissabon 1983. (Biblioteca Breve, 73.)

Albuquerque, Luís de: Navegadores, Viajantes e Aventureiros Portugueses. Séculos XV e XVI. Fotografia de Jorge Barros. Edição Comemorativa do V Centenário dos Descobrimentos Portugueses. Lissabon 1987.

Albuquerque, Luís de: Os Descobrimentos Portugueses. Lissabon 1985.

Albuquerque, Luís de / Domingues, Francisco Contente (Hg.): Dicionário de História dos Descobrimentos Portugueses. 2 Bände. Lissabon 1994–1995.

Barreto, Luís Filipe: Os Descobrimentos e a Ordem do Saber. Uma análise sociocultural. Lissabon 1987.

Boxer, Charles R.: O Império Colonial Português (1415–1825). Lissabon 2011.

Boxer, Charles R.: O Império Marítimo Português 1415–1825. Lissabon 1969.

Boxer, Charles R.: The Portuguese Seaborne Empire 1415–1825. London 1969.

Cortesão, Jaime: Teoria Geral dos Descobrimentos Portugueses. Obras Completas, Bd. 29. Lissabon 1984.

Cortesão, Jaime: Os descobrimentos portugueses. 3 Bände. Lissabon 1990.

Dias, José Sebastião da Silva: Os descobrimentos e a problemática cultural do século XVI. Lissabon 1982.

Domingues, Francisco Contente / Barreto, Luís Filipe (Hg.): A Abertura do Mundo: Estudos da História dos Descobrimentos Portugueses. Em Homenagem a Luís de Albuquerque. 2 Bände. Lissabon 1986–1987.

Garcia, José Manuel: Ao encontro dos Descobrimentos. Temas de história da Expansão. Lissabon 1994.

Godinho, Vitorino Magalhães: L'économie de l'émpire portugais aux XVe–XVIe siècles. Paris 1969.

Godinho, Vitorino Magalhães: A Economia dos Descobrimentos Henriquinos. Lissabon 1962.

Godinho, Vitorino Magalhães: Mito e Mercadoria, utópia e prática de navegar. Lissabon 1990.

Moura, Vasco Graça: Portugal e os descobrimentos. O encontro de Civilizações. Apresentação V. G. M. Comisariado de Portugal para a Exposição Universal de Sevilha 1992.

Newitt, Malyn: A History of Portuguese Overseas Expansion, 1400–1668. London 2005.

Peres, Damião: A história dos descobrimentos portugueses. Porto 1982.
Thomaz, Luís Filipe: De Ceuta a Timor. Carnaxide 1994

Portugal in Personalunion mit Spanien (1580–1640) und der *Sebastianismo*

Azevedo, João Lúcio de: A evolução do Sebastianismo, Lissabon 1918.
Besselaar, José van den: O Sebastianismo – história sumária. Lissabon 1987.
Caeiro, Olívio: Le Messianisme dans Il Pensée Portugaise du XVIe siècle à nos jours. In: Arquivos do Centro Cultural Português. Bd. 2. Paris 1970. S 433–444.
Matos, Sérgio Campos: História, Mitologia, Imaginário Nacional, Lissabon 1990.
Oliveira, António de: Poder e Oposição Política em Portugal no Período Filipino (1580–1640). Lissabon 1990.
Rebelo da Silva, Luís Augusto: Portugal nos Séculos XVII e XVIII. 3 Bände. Lissabon 1971.
Serrão, Joaquim Veríssimo: História de Portugal, Bd. 4. Governo dos Reis Espanhóis (1580–1640). Lissabon 1979.

Von der Restauration zum aufgeklärten Absolutismus. Das 17. und 18. Jahrhundert

Azevedo, João Lúcio: O Marquês de Pombal e a Sua Época. Rio de Janeiro / Lisboa / Porto [2]1922.
França, José-Augusto: Lisboa Pombalina e o Iluminismo. Lissabon 1965.
Godinho, Vitorino Magalhães: Estrutura da Antiga Sociedade Portuguesa. Lissabon [2]1975.
Godinho, Vitorino Magalhães: Portugal and Her Empire, 1680–1720. In: The New Cambridge Modern History. Bd. 6: The Rise of Great Britain and Russia, 1688–1722. Cambridge 1970.

Maxwell, Kenneth: Conflicts & Conspiracies: Brazil and Portugal, 1750–1808. London 2004.
Macedo, Jorge Borges de: A Situação Económica no Tempo de Pombal. Alguns Aspectos. Lissabon ²1982.
Macedo, Jorge Borges de: O marquês de Pombal (1699–1782). Lissabon 1982.
Maxwell, Kenneth: Pombal. Paradox of the Enlightenment. Cambridge 1995.
Portugal no Século XVIII. De D. João V à Revolução Francesa. Comunicações apresentadas ao Congress Internacional Lisboa, Biblioteca Nacional, 20 a 24 de novembro de 1990. Lissabon 1991.
Portugal Revisitado. Comunicações ao Colóquio Internacional organizado pela Comissão das Comemorações do 2° centenário da morte do Marquês de Pombal. 2 Bände. Lissabon 1984.
Saraiva, António José: Inquisição e Cristãos Novos. Lissabon ⁶1994.
Serrão, Joaquim Veríssimo: História de Portugal. Bd. 5: A Restauração e a Monarquia absoluta (1640–1750). Lissabon 1980.
Serrão, José Veríssimo: O marquês de Pombal. O homem, o diplomata e o estadista. Lissabon 1982.
Serrão, Joaquim Veríssimo: História de Portugal. Bd. 6: O Despotismo Iluminado (1750–1807). Lissabon 1981.
Silbert, Albert: Le Portugal Méditerranéen à la fin de l'Ancien Régime – XVIIIe – début du XIXe siècle. 2 Bände. Paris 1966.

Die politische und soziale Geschichte Portugals im 19. Jahrhundert bis 1910

Bonifácio, M. Fátima: D. Maria II (1819–1853). Lissabon 2005.
Bonifácio, M. Fátima: História da guerra civil da Patuleia, 1846–1847. Lissabon 1993.
Bonifácio, M. Fátima: O século XIX português. Lissabon 2002. (³2007.)
Ferreira, Alberto: Estudos de Cultura Portuguesa (Século XIX). Lissabon 1980.
França, José-Augusto: O Romantismo em Portugal. Estudo de Factos

Socio-Culturais. 6 Bände. Lissabon 1974. [Originaltitel: Le romantisme au Portugal. Étude de faits socio-culturels. Paris o. J.]

Guimarães, Ángela: A ideologia colonialista em Portugal no último quartel do século XIX. In: Ler História 1 (1983). S. 69–80.

Hammond, Richard James: Portugal and Afrika, 1815–1910. A Study in Uneconomic Imperialism. Stanford, CA 1966.

Marques, João Pedro: The Sounds of Silence: Nineteenth-Century Portugal and the Abolition of the Slave Trade. Translated by Richard Wall. Oxford / New York 2006.

Martins, Joaquim Pedro de Oliveira: Portugal Contemporâneo. Lissabon 71953.

Serrão, Joël: Da »Regeneração« à República. Lissabon 1990.

Serrão, Joël (Hg.): Liberalismo, Socialismo, Republicanismo. Antologia de Pensamento Político Português. Selecção, introdução e notas de J. S. Lissabon 21979.

Serrão, Joël: Para a História do Século XIX Português. Lissabon 1953.

Serrão, Joël / Thomas, Georg: Portugal 1830–1910. In: Handbuch der europäischen Wirtschafts- und Sozialgeschichte. Bd. 5: Europäische Wirtschafts- und Sozialgeschichte von der Mitte des 19. Jahrhunderts bis zum Ersten Weltkrieg. Wolfram Fischer (Hg.), Stuttgart 1985. S. 687–704.

White, G. F.: A Century of Spain and Portugal (1788–1898). London 1909.

Die Erste Republik (1910–1926) und der *Estado Novo* Salazars bis zur Nelkenrevolution (1974)

Braga da Cruz, Manuel: A oposição electoral ao Salazarismo. In: António Sérgio. Número especial do 1° Centenário do seu Nascimento. Coordenação de Fernando Catroga e Amadeu José Carvalho Homem. Revista de História das Ideias 5. Coimbra 1983. Bd. 2, S. 701–781.

Cunha, V. de Bragança: Revolutionary Portugal (1910–1936). London 1938.

Derrick, Michael: The Portugal of Salazar. London 1938.

França, José-Augusto: A Arte a Sociedade Portuguesa no Século XX. Lissabon 1972.
França, José-Augusto: A Arte em Portugal no Século XX. Lissabon 1974.
Gallagher, Tom: Portugal: A Twentieth-Century Interpretation. Manchester 1983.
Kay, Hugh: Salazar and Modern Portugal. London 1970.
Martins, Hermínio: Portugal. In: S.J. Woolf (Hg.): European Fascism. London 1968. S. 302–336.
Mattoso, José: História Contemporânea de Portugal. 2 Bände. Lissabon 1985.
Raby, D. L.: Fascism and Resistance in Portugal: Communists, Liberals and Military Dissidents in the Opposition to Salazar, 1941–1974. Manchester 1988.
Rosas, Fernando / Moisel, Claudia (Hg.): Vom Ständestaat zur Demokratie: Portugal im 20. Jahrhundert. München 1997. (Schriftenreihe der Vierteljahreshefte für Zeitgeschichte, 75.)
Wheeler, Douglas L.: Republican Portugal: A Political History, 1910–1926. Madison (Wisconsin) 1999.

Portugal nach der Nelkenrevolution

Bornhorst, Fabian: Der internationale Kontext der Demokratisierung in Portugal: die Außenpolitik eines kleinen Landes mit großer Geschichte am Rande Europas. In: Dietrich Briesemeister / Axel Schönberger (Hg.): Portugal heute. Politik, Wirtschaft, Kultur. Frankfurt/M., 1997. S. 247–288.
Briesemeister, Dietrich / Schönberger, Axel (Hg.): Portugal heute: Politik – Wirtschaft – Kultur. Frankfurt/M. 1997.
Golder, Marko / von Rahden, Manuel: Studien zur Zeitgeschichte Portugals. Hamburg 1998.
Graham, Lawrence S. / Makler, Harry M. (Hg.): Contemporary Portugal: Revolution and Its Antecedents. Austin (Texas) 1979.
Livermore, Harold V.: A New History of Portugal. Cambridge 1966.
MacDonald, Scott B.: European Destiny, Atlantic Transformations:

Portuguese Foreign Policy Under the Second Republic, 1974–1992. Piscataway (New Jersey) 1993.
Manuel, Paul Christopher: The Challenges of Democratic Consolidation in Portugal: Political, Economic, and Military Issues, 1976–1991. Westport (Connecticut) 1996.
Maxwell, Kenneth: The Making of Portuguese Democracy. Cambridge 1995.
Rahden, Manuel von: Portugiesische Zeitgeschichte: Von der Nelkenrevolution bis zum Jahr 1997. In: Dietrich Briesemeister / Axel Schönberger (Hg.): Portugal heute: Politik – Wirtschaft – Kultur. Frankfurt/M. 1997. S. 213–246
Rodrigues, Antonio Basílio / Eduardo Lourenço: Nós e a Europa – o diálogo que nos falta(va). In: Singularidades de uma Cultura Plural. XIII Encontro de Professores Universitários Brasileiros de Literatura Portuguesa. Rio de Janeiro, 30 de julho a 3 de agosto de 1990. Rio de Janeiro 1992. S. 325–331.
Rosas, Fernando (Hg.): Vom Ständestaat zur Demokratie. Portugal im 20. Jahrhundert. München 1997.
Sänger, Ralf: Portugals langer Weg nach Europa. Frankfurt/M. 1994.

Personenregister